少说废话

让你事半功倍的
商务写作指导手册

[美] 乔希·贝诺夫（Josh Bernoff）——— 著　王程　张庆轩——译

WRITING
WITHOUT
BULLSHIT
Boost Your Career
by Saying What You Mean

湖南文艺出版社
HUNAN LITERATURE AND ART PUBLISHING HOUSE

博集天卷
CS-BOOKY

图书在版编目（CIP）数据

少说废话 /（美）乔希·贝诺夫（Josh Bernoff）著；王程，张庆轩译. —长沙：湖南文艺出版社，2017.10
书名原文：Writing without Bullshit
ISBN 978-7-5404-8282-4

Ⅰ.①少⋯ Ⅱ.①乔⋯ ②王⋯ ③张⋯ Ⅲ.①商业经营—应用文—写作
Ⅳ.①H152.3

中国版本图书馆CIP数据核字（2017）第196758号

著作权合同登记号：18-2017-116

WRITING WITHOUT BULLSHIT: Boost Your Career by Saying What You Mean
Copyright © 2016 by WOBS LLC.
Published by arrangement with HarperCollins Publishers.

上架建议：管理·商务沟通

SHAO SHUO FEIHUA
少说废话

作　　者：［美］乔希·贝诺夫（Josh Bernoff）
译　　者：王　程　张庆轩
出 版 人：曾赛丰
责任编辑：薛　健　刘诗哲
监　　制：于向勇　秦　青
策划编辑：张　卉
文字编辑：郑　荃
版权支持：文赛峰
营销编辑：刘晓晨　罗　昕　刘　迪
版式设计：李　洁
封面设计：利　锐
出版发行：湖南文艺出版社
　　　　　（长沙市雨花区东二环一段508号　邮编：410014）
网　　址：www.hnwy.net
印　　刷：北京鹏润伟业印刷有限公司
经　　销：新华书店
开　　本：700mm×995mm　1/16
字　　数：210千字
印　　张：17
版　　次：2017年10月第1版
印　　次：2017年10月第1次印刷
书　　号：ISBN 978-7-5404-8282-4
定　　价：38.00元

质量监督电话：010-59096394
团购电话：010-59320018

免责声明

如果你能够根据你即将读到的各项建议来写作，这将对你的事业产生举足轻重的有利影响。

如果你能够学会以既明白又直接的方式来表达你的真实意思，你就能够在职场上一路高歌猛进，取得很大成功。但如果你以错误的方式或在错误的时机表达，或表达的对象错误，这也会为你带来很多麻烦，使你深陷困境。

我十分希望这些话对你有帮助，至于你采纳本书建议后，以不说废话的方式进行写作所产生的一切积极后果或消极后果，就请你自己承担吧。

少说废话

目录
Contents

少说废话

第一部分
改变你的观念

第1章　超越平庸，拒绝废话

如今，废话连篇的趋势越来越严重。

你的电子邮箱里总是充斥着通篇毫无联系的废话。你的上司习惯用不规范的行业术语，满口陈词滥调。你在各类网页上浏览到的内容总是叫人难以理解。

废话连篇是我们每个人有效完成工作的障碍。

技术的发展使每个人都可以极其容易地制造信息，然后极其容易地将信息传播给数以千计的其他人。然而不幸的是，从来没有人告诉这些信息制造者，要把内容写好必须具备哪些必要条件，所以如今我们的阅读往往就是在汹涌而来的胡言乱语中"艰难跋涉"。

你当然明白这是一个大问题，但我在此要告诉你的是，这也是一次机遇。

试想一下，每当你坐在电脑前敲击键盘时，如果你都能够自信、大胆地写下既清楚明了又掷地有声的文字，那将是一种什么样的体验？那时，你写的电子邮件一发送到同事们的邮箱，就会成为大家争相模仿的范本；你写的各种报告就能让人愿意坐下来仔细阅读；你撰写的市场营销文案就能够得到更多用户的回应。到那时，人人都会称赞你言简意赅、文笔精练。

那为什么不现在就做出改变呢？我知道你不立刻改变的原因何在。我曾经与数以千计和你一样的人共事过，这些人都是办公室职员，在工作中也都需要与人交流。他们（当然也有你）之所以不能彻底抛开废话，清晰明了地进行写作，原因有如下几点：

首先，写作训练不得法。在高中和大学时，写些冗长啰唆的文章糊弄老师，让老师误以为确实言之有物，相信你明白自己表达的意思。正是你的老师无意间给你灌输了写废话将会行之有效的思想。

其次，开始工作后，你发现身边有了更多含混不清的语言。从你坐下拿起员工手册开始阅读的那一刻起，你就开始沦陷了。你身边的人会给你各种暗示，因为他们写东西的时候从不会把事实清楚地说出来。

最后，最重要的一个原因就是，你自己也在主动学习使用模糊的语言以回避风险。因为你的读者可能并不同意你的观点，因此清晰地表达会有一定的危险。

如果你觉得在商务世界这部巨大的废话机器中当一个毫无思想的零件也无所谓的话，那你大可将本书束之高阁。你大可继续写那些读来模棱两可的垃圾文字，而且你也很快就会非常适应那种文风。

然而，如果你更愿意脱颖而出，那么我将在本书中教给你如何写作才能表现得与众不同。做到这一点并不难。事实上，写文章时避免废话的窍门和你的自然交流方式是相关的。

我将在书中向你一一展示文笔糟糕的原因，以及阻碍你用清晰的方式进行写作的因素。你所习得的每一个坏习惯都和你在工作中的心理状态有着密切关联。在教你如何更加有效地表达自己的意思的同时，我还将帮助你扫除心理障碍。一旦你对那些心理因素掌握到位，你的写作就会给人留下深刻印象，让人对你刮目相看。

我将帮你鼓起勇气，明明白白地说出你想表达的意思。

本书还会教你一些写作技巧和窍门，向你展示如何规划白天的工作时间，好使你下笔便能把勇气化作写作魅力。

如果你有很好的想法并且能够在写作中将其表达出来，那么你将因为这些想法和清晰明了的表达而获得赞赏，你也会因为坦诚和直率而受到尊敬。这对你的职业生涯大有裨益。更重要的是，清晰地去表达的感觉真的很棒。

时间铁律

首先，有一条原则我们必须承认。这一原则是本书一切内容的纲领和前提。我把这一原则称为"时间铁律"：**把读者的时间看得比自己的时间更加宝贵。**

这一点再简单不过。然而，今天商务人士惯用的写作方式中之所以出现各种错误，往往正是因为忽视了这一原则。

有位市场营销人员需要创建一个网页，用于介绍她的公司。当任务截止时间快到了的时候，她不得不接受大多数人的观点，最终放弃了精心制作网页的念头，用一些布满手印的散文照片七拼八凑地补足了网页上的空白。这位营销人员的首要原则是尊重读者的时间吗？不是，她的首要原则是在规定期限内搞定网页中需要的文本。

比如，你有一位同事就你们部门存在的某个问题给你和其他一大堆人群发了邮件。他在邮件中把问题的各个方面按照与自己相关的程度进行排序，然后在主题栏中写下"我正在思考的几个方面"。对他而言，他自己确实做到了高效。那他有没有尊重你们的时间呢？没有。

还有一位分析员，他编写了一份用于说明城市应采取的相关举措的报告。尽管他知道肯定会遭到很多人反对，但他想让自己的报告显得合情合理，于是他尽可能多地搜罗了相关举措的合理性证明，并在文本的所有地方都使用被动语态，用以回避报告中每一举措的负责人。他的确是用了非常老练的手法来明哲保身，避免得罪人。但他考虑过读者的时间很宝贵吗？根本没有。

不能说这些人都是自私的，他们只是太忙了而已。当你很忙时，你就会更倾向于多考虑自身，多考虑任务完成期限。你会只顾写下文本，填满空格，然后继续其他工作。这样一来的结果就是往往难以写出观点清晰的文章。因此，你要尽力避免这种情况。

不幸的是，为图权宜而采取的每一小步都在逐渐侵蚀你坦率直言的天性，使你不再直接说出自己的意思。但这不仅浪费读者的时间，更会降低你的道德感。

现在我们几乎无时无刻不在阅读，所以因此而浪费掉的实际时间要比想象中多得多。我们正在不断消费大量此类平庸乏味的文章，而且是在相当伤眼睛的电子屏幕上浪费时间。因此，我们在阅读中的注意力其实是碎片化的。

这就是这个世界看起来满是废话的原因——我们全都沉浸在一个毫不关注主旨内涵，从不讲求直截了当，只会拼凑了事的文本世界中。

时间铁律应该是解决这一问题的好办法。但是，即使你接受了这一原则，你又能否真正在写作实践中遵循呢？

计算"意义比例"

在阅读某些有意义的文本时,你会学到一些东西。你可以了解到埃隆·马斯克(Elon Musk)[①]对人工智能技术的思考,你可以了解到接下来的24小时内降雨量大概是多少,你还可以了解到数据库战略对你所在的公司有多么重大的意义。也就是说,文本的意义会让你有所收获。

当我提到所谓的废话时,我其实是有所特指的。废话是让你不愿听下去的啰里啰唆的语句,比如"对不对?"。说废话其实很浪费读者的时间,它们不能起到帮助我们清晰准确地进行交流沟通的作用。尽管那些废话里往往包含谎话,但谎话还不是这些商务交流中最大的问题。最大的问题是缺乏透明度。不规范的行业术语、过度使用的程度词(诸如"很""深刻地")、令人费解的被动语句、组织糟糕的思考,以及漫无目的的行文都是严重的废话。这些语句和词语隐藏了文字的真实意义,并未达到揭示文本意义的作用。

根据对废话的这一定义,便能确切地将废话予以量化。为实现计量废话的目的,我随意选定一段文本,然后明确找出其中没有实际含义的单词。我们一起来看看如下这个例子。

Inovalon是一家总部位于马里兰的医疗卫生技术公司。在其官方网页"我们是谁"的条目下,有如下一段描述:[②]

Inovalon是一家前沿技术公司,本公司结合先进的云数据分析和

---

① 埃隆·马斯克是特斯拉汽车公司董事长,美国太空探索技术公司首席执行官。——译者注

② "我们是谁"页面在Inovalon.com网站上可查,内容提取时间为2016年2月15日。参见http://wobs.co/WWBinovalon。

数据驱动处理平台，在医疗卫生的全方位体系中，对临床和质量绩效、医疗技术使用情况及医疗财务业绩等具有深远的洞察力，并在这些领域产生了重要影响力。Inovalon公司的独特的高价值成果被转用到"转变数据为洞见"和"行动中的洞见"等项目的有效发展进程中。各种大型的专利数据集、先进的一体化技术、精密的预判分析、数据驱动干预平台，以及有深度的专题项目专家共同为客户提供无缝的、点对点的服务的能力，把大数据和大规模分析的好处带到医疗卫生领域。

对Inovalon公司以外的任何人而言（我怀疑对其公司内部的很多人也一样），这段话实在太难让人理解了。但这段文字糟糕到什么程度呢？我把这段文字中对大多数读者而言毫无意义的单词着重标出，用黑体字重点突出没有准确意思的一些程度词，诸如"前沿"；一些基本只是装饰语的单词和词组也用黑体字加以表示，这些词语只是让描述显得更加令人印象深刻而已，比如"使用情况"和"医疗卫生的全方位体系"等。至于那些只会让大多数读者费解、疑惑的行业术语，我用黑体加斜体加以突出。

现在，这段文字就是这样了：

Inovalon是一家**前沿**技术公司，本公司结合**先进的*云数据分析***和***数据驱动处理平台***，在**医疗卫生的全方位体系**中，对临床和质量绩效、医疗技术**使用情况**及医疗财务业绩等具有**深远的**洞察力，并在这些领域产生了重要影响力。Inovalon公司的**独特的高价值成果**被转用到"转变数据为洞见"和"行动中的洞见"等项目的**有效**发展进程中。**各种大型的*专利数据集*、先进的*一体化技术*、精密的*预判分析***、

数据驱动干预平台，以及**有深度的**专题项目专家共同为客户提供**无缝的、点对点的**服务的能力，把**大数据**和**大规模分析**的好处带到医疗卫生领域。

尽管你可能对我选择突出的这些词持有异议，但是这段文字中存在太多的行业术语和毫无意义的冗词赘语，这一点则是毫无异议的。具体有多少呢？我们可以用意义比例（meaning ratio）来计算一下：

$$意义比例 = \frac{有意义的单词数}{全部单词数}$$

这段文本，全文共计92个单词（就英文原文看）。我标出了38个没有意义的词，也就意味着有意义的单词数为54个。这意味着这段文本的意义比例为59%。

真是太可怕了。

在这些文字中，有近一半的内容不仅对我们的阅读毫无帮助，反而起到了阻碍作用。

毫无疑问，一篇完全阐述思想的文章的意义比例应当为100%。如果一篇文章的意义比例达到80%，就有较好的可读性。一旦你的文章的意义比例低于70%，那么必然是废话太多。上面给出的那篇例文几乎全是废话，让人无法阅读，其原因就是文章中有近一半的文字对交流信息毫无用处。

本书将会对很多糟糕至极的语言进行无情鞭挞。但我真正的目的其实是解决这些语言上出现的问题，而并非仅仅逗乐一笑。所以想象一下，如果Inovalon公司雇用你来负责修改这篇说明文字，改成如下版本就会更好一些：

Inovalon公司在医疗卫生数据方面比其他任何公司都更有洞见。我们将各类数据加以分析，并运用相关知识帮你增加在护理服务方面的选择，降低成本，同时提高法规遵从度。我们的服务对象包括医院、医生、保险人及各类病人。我们旨在发现护理、医疗质量和数据完整性方面的各种差距和分歧，并运用我公司的独特能力予以解决。

我们把这篇介绍文字的单词数从92个降低到54个。通过使用诸如"我们"和"你"这些字眼，Inovalon公司明白地告知客户其主要业务是什么，并告诉客户该公司是如何帮助客户的。每一个普通人，乃至医疗护理信息方面的专业人士，都能轻易地理解什么叫"护理、医疗质量和数据完整性方面的各种差距和分歧"。这样，我们既避免了废话连篇，又补全了这篇介绍中原本缺失的内容。

有力、直接的交流方式使女性走向成功

抛弃废话的写作能否使你的事业高歌猛进？我们都想在写作时自然而然地表达真实意思，但它真的会改变我们的职场地位吗？

在我的职业生涯中，我曾有幸和很多优秀的交流能手进行过许多互动。我指的并不是职业作家，而是一群睿智聪明、勤奋上进的职场人士，他们发现：坦诚直率才是成功的入场券。

比如，有一位名叫黛安·赫森（Diane Hessan）的女士，她在获得工商管理学硕士学位后进入美国通用食品公司（General Foods）工作，她当时的职位是通用食品公司Brim牌咖啡的产品经理。后来，她带着学到的

知识和经验，加入了一家名为论坛公司（Forum Corporation）的小型培训企业，当上了该公司销售培训产品的产品经理。

在论坛公司，有一个名叫约翰·汉弗莱（John Humphrey）的导师指导她如何尽量高效地进行交流和沟通。约翰在所有讨论中遵循的主要原则其实很简单，就是"以三条清晰的论点说出你的意思"。换句话说，告诉读者或听众他们真正需要知道的东西，别用细枝末节的信息干扰他们。赫森从导师那里学会了，在对待没有耐心的同事和抱有疑心的客户时，必须迅速切中要点。牢记这一原则，赫森很快就把她负责的销售培训产品业务做大了，取得了相当大的成功。

同时，她也由此获得了声誉。

她曾跟我说过这样一件事。有一个团队的员工在完成一个客户要求的方案时延误了期限，于是她要求他们加紧推进这项工作。当时，团队正处于一种低迷的状态。在提出个人意见之前，赫森问道："你们想知道我的真实想法吗？"结果，房间里爆发出一阵笑声，因为在座的每个人都知道，他们除了接受她的意见之外，别无选择。赫森告诉我，"那次是一个转折点"。她意识到，直率的名声正是她成功的一部分。"尽量表达得直接一点，可以为我和团队节省很多时间，避免很多矛盾的激化。"

在论坛公司的20年里，赫森一路晋升，最后当上了执行副总裁，成为公司地位最高的三名执行官之一。

1999年，赫森离开论坛公司后，创办了Communispace公司（后来更名为C Space公司），该公司通过在线社区帮助客户形成某些见解、认识。提供这项服务的创意其实很棒，但事实上她很难向公司客户解释清楚这项服务到底是什么。最后，赫森成功地用简明、平实的语言把这种服务解释清楚了。赫森回忆道："我当时就对他们说，我们公司所做的就是典型群体划分工作。"市场营销人员都懂什么是典型群体，也认识到在线社区可以迅速而持续地从数以百计的用户而不是数十人中传播观点和思想。于是，Communispace公司很快一炮而红，取得了巨大成功，连续五年保持40%的产值增长率，一路发展并最终拥有超过500名员工和超过250家知名品牌客户。

尽管我的描述使赫森和C Space公司的成功听起来一帆风顺，但任何一个经历过事业起步阶段的人都知道，事情并不这样简单。赫森也得应对各种各样的挑战，包括早期出现的现金短缺问题，甚至还有一个员工因伪造合同被捕等诸如此类的问题，都是她要面对并一一解决的。然而，她在应对每个挑战时都采用了直接、清楚、易懂的交流方式，绝无半句废话。比如，2008年公司取得了非常好的业绩，事业蒸蒸日上，但赫森对未来充满忧患意识。她用一封电子邮件将她的担忧分享给管理团队成员：

收件人：管理委员会

发件人：黛安·赫森

日　　期：2008年2月1日

主　　题：我们还未走上成功之路

这是我们公司2007年的最终业绩数据，我们应当感到万分自豪。过去的一年中，我们的客户规模翻了一番，客户数量也增加了一倍，我们以一次大风险投资解决了预算吃紧问题，而且最重要的是，我们的留购率远超预期指标。真是好极了！

在你们准备外出休假，大把花掉数额不小的分红奖金之前，请开始思考以下这两件事情：大问题和大机遇。

大问题：我们的员工已经筋疲力尽。你们会听见他们说"这真的太疯狂了"，我想这并不仅仅是他们看到工资单时的惊叹吧。我们能够做些什么，以便使员工对工作保持新鲜感和积极性呢？

大机遇：我们客户中最大的一笔账单为100万美元/年。试想一下，如果我们有单笔订单达到500万美元的客户会怎样？我们能否到外面拿下更多大额订单，然后把我们的影响力再扩大五倍呢？

我想在周一的会上讨论这两件事情。2007年我们已经做得出类拔萃了，但我认为将来会有那么一天，当我们回首过去的这一年时，我们会说："哇，还记得2007年，我们当时竟然觉得那年我们已经很厉害、很成功了，可笑吧？哈哈哈！"对于这一点，大家肯定都是没有不同意见的。

周末愉快。另外，周一时我负责为大家开香槟。

虽然这封邮件通俗易懂而又不那么正式，但它是相当直接的。该邮件既提醒了她的管理团队的成员，同时也丝毫没有否定他们突出的工作成绩。后来，这封邮件确实也发挥了预期作用。随后一年，她公司的销售额增长了50%。很快，Communispace公司便迎来了首笔销售额达500万美元的订单——这要归功于赫森帮其团队的销售增长打下的坚实基础。

2011年，全球广告代理商宏盟集团（Omnicom，即奥姆尼康公司）花费超过10亿美元才收购了C Space公司。赫森转而又去领导她的第二家企业，即初创研究院公司（Startup Institute），这是一家专门培训下一代初创企业员工的公司。

说出你的真实意思，迎接你的事业上升期

你是否也能像黛安·赫森那样取得成功呢？我曾遇到过很多人，当他

们改变了原有的交流方式，转而采用清楚、有力的表达方式后，纷纷获得了事业上的成功。

组建乐队失败后，汤姆·切尼夫（Tom Cunniff）转而加入了一家广告代理公司的产品部。为了引起公司广告人对他工作的关注，他给他们写了一些有趣的便条。那些广告人都觉得切尼夫的便条写得很聪明，于是送他去学校学写文案。最终，离开广告代理公司后，他在接下来的10年间为J. 彼得曼公司（J. Peterman）的商品广告撰写了许多简短有力的简介性说明文字。现如今，他已拥有一家自己的顾问公司，专门为企业提供商业往来中市场战略方面的咨询服务。出色的写作是他取得成功的关键，正如他所说："如果你不能写清楚，那说明你根本就没想明白。"他总是问一些最简单的问题，而这些问题往往切中客户所提难题的要害、关键，可谓一针见血。切尼夫认为："问题在于写文章的人并不想直切重点，他们只想通过文字尽情卖弄。但这样一来的结果就是文章太长，根本没法读。那些装饰性的文字在我们的文章中随处可见。"

切尼夫对市场方面的咨询文案写作十分拿手。在他最近的一篇题为《关于广告的10条异端想法》的博客文章中，切尼夫坦率地指出："世界上再没有像广告受众这样典型的群体了。关注点和注意力永远在向四面分散，这种情况只会越来越糟。"[①]"当今，最为重要的市场行为是获取正确的产品。如果你的产品不对路，你根本无法在广告中加以弥补。"正是这种明白又清楚的文案风格吸引了他的客户，这也是切尼夫取得成功的一个原因。

用率直又清楚的文风取胜的不仅有市场营销行业的从业者，还有小莱

[①] 引自汤姆·切尼夫2014年9月25日在其博客Cunniff上发表的文章《关于广告的10条异端想法》（*Ten Heretical Thoughts About Advertising*）。参见http://wobs.co/WWBcunniff。

昂内尔·门查卡（Lionel Menchaca Jr.）。他是从戴尔公司的技术保障部门起家的。后来，公关部需要一名能够用客户语言进行交流沟通的技术员，遂将他调去。他从那时开始撰写通讯稿，最后他成了公司公关部的重要一员。公关部是连接媒体与迈克尔·戴尔（Michael Dell）这样的公司高管之间的纽带。2006年，公司高管让门查卡建立戴尔公司的博客，并负责撰写博客文章，戴尔公司的博客是互联网上最早出现的几个公司官方博客之一。凭着他的技术知识、非凡的勇气和专业能力，门查卡在博客中使用平实的语言把事实说清楚，他的文风得到了迈克尔·戴尔的赞赏。戴尔跟踪并统计了通过门查卡的邮件直接销售所取得的收入额，短短两周，通过博客销售获得的总收入竟然达到12.5万美元。在戴尔公司负责博客销售工作达七年之久后，门查卡跳槽到数码代理商W2O公司当主管，并把在戴尔的经验也带到了新公司。他说："我认识到简洁明了的语言往往能带来各种额外好处。一定要学会简洁明了的表达技能，我就是运用这一点改变了职业生涯的轨迹。"

1999年，埃丝特·申德勒（Esther Schindler）在缅因州开了一家电脑店，并主动参加了CompuServe（美国的一家在线信息服务机构）的在线服务业务。她也认识到，必须把设备的各组件清清楚楚地写明白。然后，她将事业重心逐渐转向了写作，无论是写文章还是出书，都取得了巨大成功，最后成为一位"内容营销"领域的开拓者。所谓"内容营销"，就是在网络上撰写一些有价值的实用文本，吸引客户关注公司及其产品。埃丝特的理念完美迎合了当今天南海北的屏幕读者群："永远先把最重要的信息置顶，然后再分别用案例支撑观点。"

时至今日，写作再也不是作家的专利了。每个人都要写电子邮件。每项具体的商业业务都需要配以专门的网页。人们要写各种产品描述、各种报告和各类意见书等。每个经理都要演示幻灯片。正如安·汉德利（Ann

Handley）在她所著的极具使用价值的《人人写作》（*Everybody Writes*）一书中所写："我们所有人都用文字去承载我们所要表达的信息。我们每个人都是作家。"①

如今，商业往来已经开始全球化，甚至已经实现非同步化。你可能此时在印度和一个供货商一起工作，下一个时刻要和一个迪比克（美国艾奥瓦州城市）的同事共事，再下一个时刻就要联系一个在家办公的客户了。这里充满机遇，他们每个人都会和你互动交流，并且这些互动交流完全是通过你所写的文字实现的。

我希望你现在立马就开始自律起来，坚决抛弃废话，好好交流。我要你忘掉你一直以来所热衷的那种臃肿不堪、满篇套话术语的文风，开始采用一种紧凑、直接、清楚、吸引读者的交流方式。你应当像黛安·赫森、汤姆·切尼夫、小莱昂内尔·门查卡和埃丝特·申德勒等成功人士一样培养好习惯，因为你身处的环境中噪音越多，即行文中废话越多，对你而言把"时间铁律"法则奉为圭臬就越显重要。不要浪费读者的时间，写出你的真实意思，在职场上开始高歌猛进吧。

和我一起开启一段文风清晰、坦率、真诚的写作之旅

本书包含如下内容：

我将在下一章简短地向你阐明我们到底是怎样把写作搞得一团糟的。除非你已经知道导致文章满是废话的原因，否则这一部分定会让你大开

---

① 引自安·汉德利所著的《人人写作：创作极好内容的行动指南》（*Everybody Writes: Your Go-To Guide to Creating Ridiculously Good Content*），威利出版集团（Wiley），2014年，见前勒口。参见http://wobs.co/WWBhandley。

眼界。

随后，我将告诉你一些原则，使用这些原则，你就能在工作中撇开废话，好好写作。我将向你一一展示怎样省去不必要的被动语态、模棱两可的含糊辞令，以及那些不规范的行业术语。我将一一说明如何预先确定文本的交流内容，以便更迅速地直切要点。我将向你说明如何尽量用好统计数字、图表及其他手段来让文字作品更易于理解。总而言之，我将向你展示如何把文章写得短小精练。我们追求的是充分尊重读者的时间，用更短的文章达到写作目的，这一点正是时间铁律的中心内容。这些内容全部见于本书第二部分。

为了实现这种写作模式，你需要改变原有的写作方式、编辑方式、规划方式和合作方式。所以，在之后的部分，我将向你介绍一些习惯、原则和技巧，好好利用这些，你就能构思出更好的写作思路，你的写作就会更加流畅，同时也会使你从编辑与合作者那里获得有价值的帮助。这些内容见于本书第三部分。

随后，本书将告诉你如何在最常见的商务写作形式中运用这些原则，比如电子邮件、社交媒体的函件、新闻通讯稿，还有各类报告。这些内容见于本书第四部分。

在后记中，我将向你展示应该如何改变你所在公司风行的废话文化。

和所有作家一样，你也即将开启一段旅程。此行的目标是：认识自己目前的写作习惯，以及为何存在这些不良的写作习惯。当你了解了这些并掌握了能让你有所改进的小建议后，你的写作将取得明显进步。我们的目标并不是追求臻于完美的写作，没有哪篇文字作品绝对完美无瑕，当然本书也不例外。我们的目标是掌握能让我们的写作变得更加完善的知识，并创作出内容精练的文字作品，使其从废话连篇的平庸文字中脱颖而出。

学习用这种方式写作，感觉就像学习瑜伽或滑冰一样。当你刚开始学习用新的方式来做事情时，肯定会感到别扭或不适应。你必须抛开一些业已习得的写作技能，因此开始时，你的写作效率会大大下降。不仅如此，我已经让你感受过行文中种种形式的废话了，以后每当你阅读文本材料时，都将回想起我对废话的评论。

但用不了多久，你就会将我教给你的写作技巧内化并融会贯通了。你将有能力把文章写得更短，写作所花的时间也会更短。当你把让人耳目一新、观点明确的文章发布出来时，人们自然就会注意到你了，他们会感谢你清楚、直接的文字表达。你的文章将会带给自己一种完满感，你也会因此获得他人的赞扬，甚至你的某些工作还会因此更快地完成。

你肯定更愿意成为这样的人，而不是做一个废话连篇的人吧。

请加入我们的阵营吧，一起来兴盛言之有物的文风。我们阵营的文风更加阳光，而没有冗词的腐朽之味。

第2章　抓住你的机遇

行文时写尽废话并不是什么新闻了。正如1976年威廉·津瑟（William Zinsser）所写："我们这个社会正被毫无必要的废话、循环往复的结构、华而不实的装饰和毫无意义的术语勒得喘不过气来。"[①]1986年，哲学家哈里·G.法兰克福（Harry G. Frankfurt）悲叹道："我们文化的显著特征之一就是废话太多。"[②]然而，不知为何，时至今日，这种情况依然愈演愈烈。不可否认，在日常商务中确实弥漫着一股被文字污染的污浊之气。

为了更好地理解这种严峻形势，从2016年1月到3月，我进行了一项

[①] 引自威廉·津瑟所著的《关于好好写作》（*On Writing Well*），Harper & Row出版公司，1985年，第7页。

[②] 引自哈里·G.法兰克福所著的《关于废话》（*On Bullshit*），普林斯顿大学出版社，2005年，第1页。

WOBS写作调查。[①]在547名自称"每周工作中花在文字写作上的时间超过两个小时"的受访者中，有61%的人表示他们所读的材料经常是含糊其词的，有81%的人认同写作糟糕的材料浪费了他们的时间。如果用1（完全没有效率）到10（完全高效）10个等级来进行评估，这些受访者认为，他们所读的材料达到的平均效率只有可悲的5.4。（以同样的标准计算，这些受访者对自己写作效率的平均评估值为6.9。）

情况怎么会如此糟糕？

可以用一句浅显的话解释这一尴尬的现象：我们整天在屏幕上阅读，我们阅读的文本往往出自一群没有接受过训练的写手，同时还未经编辑。

我来为你解读一下。

我们整天在屏幕上阅读。当我们在电脑显示器或小小的智能手机屏幕上阅读文本时，由于周边有太多分散注意力的干扰因素，所以很难获取文本所表达的内涵。

我们阅读的文本未经编辑。现在编辑相当紧缺，而文本又泛滥成灾；编辑校对正在成为一门日渐式微的行当。

---

① 为了完成WOBS写作调查，我通过数条渠道确定了调查对象。我给我的博客读者，以及登录网站就清晰写作发起在线研讨会的人发了电子邮件。我还通过博客、推特、领英和脸书主页上的帖文和广告招募调查对象。为了能够被纳入样本数据，调查对象需要回答全部的实质性问卷问题，既要看他们每周花在写作上的时间是否超过两个小时（除电子邮件外），还要看他们是否主要使用英语进行写作。在被调查的793人中，有547人符合这一标准。当我引用一个统计结果以显示某一特定比例的调查对象对某一观点的看法时，这一统计数据实际是指对某一观点从"完全不同意"到"完全同意"五级李克特量表（Likert scale）中选择最上面两个选项的人数的比例。由于我征募调查对象的方法具有局限性，这些调查对象不能代表美国职业商务人士的随机样本——这一样本的选择偏向于那些更加关注工作中写作质量的人。假如我的调查对象是一个随机样本，那么这一统计数据与这一样本数的统计结果正负误差将为五个百分点（即该样本统计数据的可信度为95%）。

我们阅读的文本出自一群没有接受过训练的作者。高中和大学的写作老师并没有教会学生如何在屏幕阅读时代成为一名合格的写作者。

在本章中，我将详述上述几条原因。作为一名商务写作者，在试图与你的同事和客户进行交流时，你必须明白以上几点对你意味着什么。

我们整天在屏幕上阅读

在屏幕上阅读是很困难的——尤其是在只有五英寸的智能手机屏幕上。但是，电脑和手机已经日渐成为我们每天阅读的主要介质。WOBS写作调查中的职场专业人士告诉我，他们平均每周花25.5小时用于写作，并且要额外再花20.4小时用于阅读。换言之，他们平均每周和文本接触45.9小时，而这些接触绝大部分是通过一块液晶屏实现的。

根据弗雷斯特研究公司（Forrester Research）的调查，在线的成人用户中，有七成已经使用智能手机。[①]一个销售人员网站（salesforce.com）的调查研究表明，智能手机用户平均每天在手机上要花3.3个小时；91%的用户使用智能手机阅读电子邮件，75%的用户用智能手机维系社交网络。[②]弗雷斯特研究公司在报告中指出，智能手机用户中有一半人承认他们会在洗手间使用手机。因此，对智能手机用户而言，他们的注意力范围已然不再是从前那样了，这一点是毫无疑问的。

---

① 引自吉娜·弗莱明（Gina Fleming）的《客户和技术状况：2015年版基准规范，美国》（*The State of Consumers and Technology: Benchmark 2015, US*），《弗雷斯特报告》（*Forrester Report*），2015年9月28日，第2页。弗雷斯特研究公司技术图表客户可登录http://wobs.co/WWBforrester查阅报告。

② 出自Salesforce Marketing Cloud公司的《2014年移动行为报告》（*2014 Mobile Behavior Report*），第13页。可登录http://wobs.co/WWBsalesforce查阅报告。

弗雷斯特的调查报告还显示，只要你的年龄小于70岁，你就更倾向于利用媒体在线阅读，而不愿阅读印刷品。

正如世界著名风险投资公司安德里森·霍罗威茨公司（Andreessen Horowitz）的董事长本·霍罗威茨（Ben Horowitz）2012年时所说："今天的新生儿很有可能将来不用再阅读任何印刷品了。"[1]

这种新阅读方式会对我们产生什么影响？

为了找出答案，我和Chartbeat分析公司的首席数据科学家乔希·施瓦茨（Josh Schwartz）进行了探讨，这家公司致力于在网页上逐秒计算用户的注意力。利用插入在其客户（包括许多主流媒体和新闻公司）网站上相关网页的代码，Chartbeat公司可以确定读者阅读网页的实际用时和阅读比例，也就是说，可以监测我们读一个网页实际花了多少时间和实际读了多少内容。施瓦茨告诉我，阅读一篇普通的新闻报道，读者平均用时不超过36秒。当公司对这些读过新闻故事的人进行理解测试时，他们发现只有37%的人能够答出涉及文章最后一个细节的问题，而这一比例只比纯粹靠猜测来解答而答对的比例稍高一点。

现在的问题是，在屏幕上阅读会怎样损害我们的注意力。美利坚大学教授、《屏幕上的文字：在数字时代阅读的宿命》（*Words On-screen: The Fate of Reading in a Digital World*）一书的作者内奥米·S.巴伦（Naomi S. Baron）曾经对此做过一次跨国研究。在她的大学生研究对象中，有92%的人表示，相比而言，阅读印刷品上的材料要比在屏幕上阅读更容

---

[1] 引自艾玛·巴兹里安（Emma Bazilian）2012年10月16日发表在《每周广告》（*Adweek*）上的文章《'印刷品死了吗？'及MPA会议上的其他重要话题》（*'Is Print Dead?' and Other Tough Topics from the MPA Conference*）。参见http://wobs.co/WWBhorowitz。

易集中注意力。[①]她对此解释道："数码技术并不是为深度阅读而设计的。当我们在印刷品原本已完全胜任的各类脑力劳动中采用这些数码技术时，"——尤其是在需要沉思和分析的阅读中使用了数码技术时——"我们通常就达不到阅读印刷品时的注意力水准了。"

这就是在屏幕上阅读对你产生的影响。

你所写的任何文本，电子邮件、网文或推文，都必须和读者所要读的其他一切文本竞争。因为基本可以认定读者会在屏幕上阅读，而且还可能是在一块很小的智能手机屏幕上阅读，所以你可以估算一下他们在10秒钟之内的注意力范围大约有多大。你只有抓住他们的阅读兴趣，使他们多读一点，才能把你想表达的要点传递给读者。否则，他们就会把你写的内容当废话一扫而过。

同样的道理，我们都觉得自己读到的文章往往也是废话连篇。

然而，不管我们的注意力范围怎样，为什么我们所读到的文本总是那么差劲呢？

这其中还有很大一部分原因是编辑校对工作不到位。

没有人编辑校对我们所阅读的文本

我们的文本内容陷入了恶性循环。

我们成天都在阅读，不是在办公桌前对着电脑工作，就是拿着智能手机对着小小的屏幕看。

[①] 更多细节请参阅内奥米·S. 巴伦所著的《屏幕上的文字：在数字时代阅读的宿命》，牛津大学出版社，2015年。更多关于内奥米·巴伦的内容，请参见http://wobs.co/WWBbaron。

这使我们对阅读的材料有了很多要求。当然，各类媒体公司和类似脸书的社交网络的功能就是满足人们的这种需要。但不幸的是，你的同事也在给你提供阅读材料。部门经理会要求你阅读他们所写的各类文件，他们觉得这是理所应当的。你的同事则觉得，再没有什么比把一封电子邮件群发给数十人或上百人更能让他们感到心安的了。

市场营销人员也是这样，他们似乎也想千方百计地满足我们的阅读需求。他们的各种广告、网页、应用程序，以及无数的市场营销邮件都见缝插针地占领了你的屏幕。

这导致的结果就是我们阅读的文本内容不断激增。然而，这种文本内容已经远不同于办公室前辈们为之着迷的文字了。何以见得呢？我们一起来看看吧。

回想一下1980年的世界。那时，普通客户或商务人士基本上都没有电子邮件，也没有互联网。那时大家阅读的都是印刷在纸上的材料：新闻报纸、期刊、各类书籍，偶尔还有备忘录。

那时的阅读材料是媒介公司批量生产的印刷品，这些材料被分发给成百上千的杂志订阅客户、书籍读者和直接邮寄广告的收件人。那些印刷材料都是由专业作家或营销广告的撰稿人所写。由于印刷费用高昂，这种材料还要送交给一位经验丰富的编辑，对材料内容和语言文字进行校对（见图1-1）。在工作室里，各位经理所写的备忘录都交由秘书打字成稿，而秘书的这道把关可以防止文本出现低级的语言错误。

然而，今天就大为不同了。任何一个傻瓜都可以输入文字，然后把编写的内容分别发送给数十人甚至数千人，而且事实上很多人通过电子邮件或博客文章也的确这样干了。今天，你所阅读的绝大部分材料都是从这些人的指尖直接传到你的眼中，中间没有任何编辑校对的过程（见图1-2）。我指的不仅是没有人在语法上对文本进行校对，甚至也没有人对材料内容进行编辑校对。所谓废话，就是那些不能清楚、准确地达到沟通目的，纯粹浪费读者时间的交流语言。如果没有编辑，文字的清晰度和准确性就会大打折扣，甚至完全丧失，那么废话自然就在所难免了。

今天的读者仍然有部分阅读内容是源于高质量编辑的媒体和反复校对的广告。然而，即使是在媒体网站上，有些内容也是原生广告（看上去似乎是内容经过编辑的广告）和投稿内容（由公司提交并作为内容发布的广告）交织在一起的。通常这类材料并没有像普通文本那样经过严格的编辑、校对、审稿。

如《赫芬顿邮报》（*Huffington Post*）之类的一些媒体并不遵循传统媒体的编辑标准。而《福布斯》（*Forbes*）杂志则采用大量未经任何编辑加工的、由网友发布的内容附在相关新闻和主题报道之后。现在，在报刊文章之后都要配上一组未经编辑的相关评论，这样报道似乎才算完整。

那么，书籍的情况又如何呢？如今，传统图书编辑的要求已经比原来宽松许多了（你可以去问任何一个编辑），而自行发布的图书几乎不会经过任何审阅。

现在的营销人员拥有了广泛的交流渠道，包括网站、电子邮件、脸书网页、推特互动以及微博等。没有经验的作者在这些媒体上创作了很多文本内容，通常都未经任何审阅就直接发布。

就是在你的公司里，沟通交流的模式也与以前完全不同了。公司里的秘书越来越少；人们通常不再通过媒介交流，而是直接沟通。你的邮箱里塞满了同事、经理、人力资源部和业务经理发来的各类杂乱如草稿的邮件。

很不幸，你成了供求关系规律中的牺牲品。你、我，还有数百万的办公室员工时刻都沉浸在各式各样的屏幕中，我们对文本内容有无穷无尽的需求。如今，形形色色的发布工具为所有人都来满足我们的文本内容需求提供了可能性。结果就是：他们源源不断地给我们提供了连篇累牍的废话。

1980年，我们阅读的印刷品材料是有一名编辑（或秘书人员）负责对绝大部分内容进行编辑、校对的

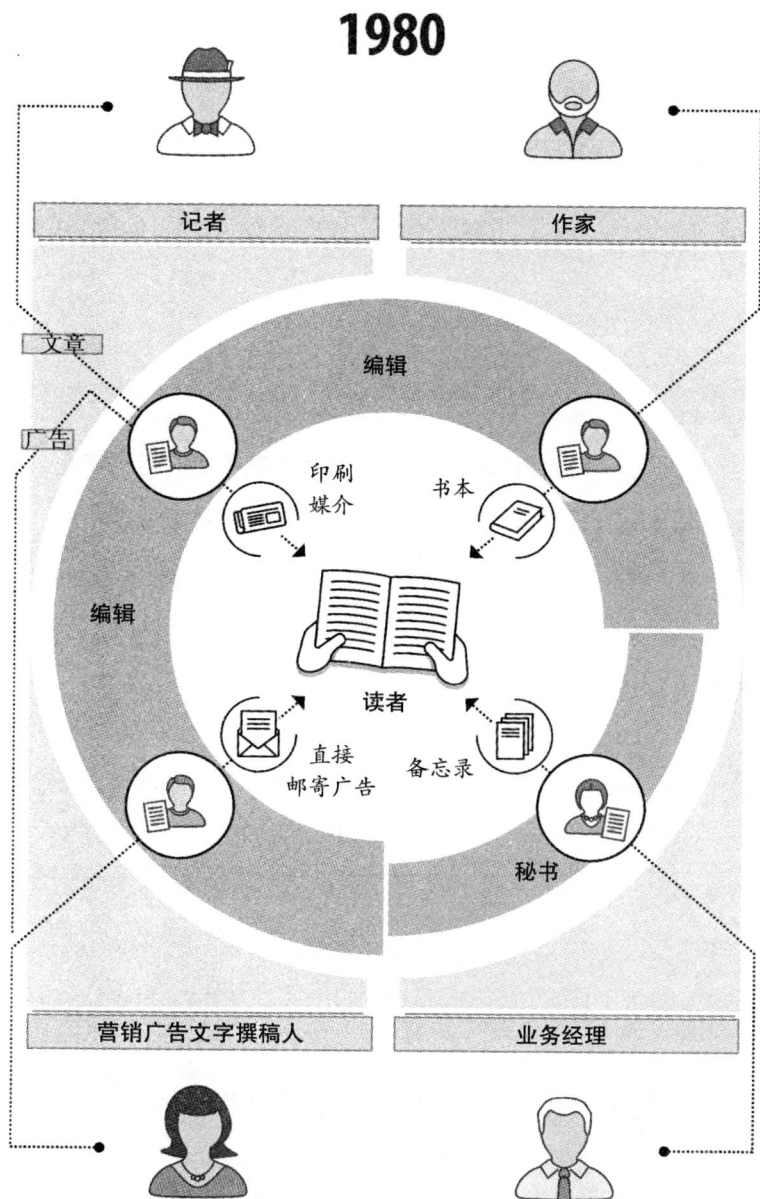

图1-1

在如今这个屏幕阅读时代，我们阅读的材料越来越多，但是我们所读的
内容无人编辑、校对

2016

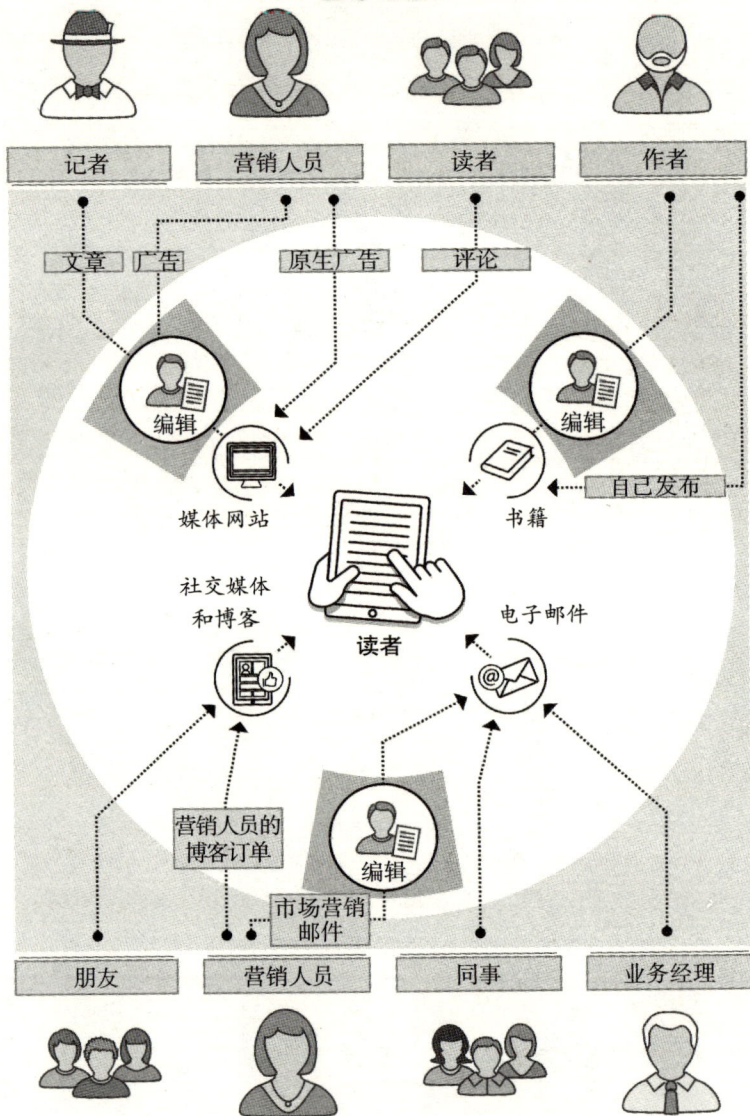

| 记者 | 营销人员 | 读者 | 作者 |

文章　广告　原生广告　评论

编辑

媒体网站

编辑

自己发布

书籍

社交媒体
和博客

读者

电子邮件

营销人员的
博客订单

编辑

市场营销
邮件

| 朋友 | 营销人员 | 同事 | 业务经理 |

图1-2

我们掌握的写作方法不正确

由于受到屏幕阅读环境的影响，今天的写作需要遵循一套完全不同的写作规则。想写好文章就需要开门见山、直奔主题，避免冗词陈句，对这一点，本书接下来要详细论述。

然而，这种写作方式是我们在高中和大学里学习的那种写作方式吗？

很不幸，答案是否定的。我们在学校里学到的是一套完全不同于今天的写作规则的写作技巧，运用这种技巧写成的文本已经不适应屏幕阅读了。

先从高中谈起。

一个高中写作老师通常可能要带五六个班，近180名学生。写作老师的工作其实就是训练学生，使他们成功地通过一系列标准化考试。而那个老师尽管可能是英语专业出身，但在大学是专攻批判文学的。

作为这名老师的学生之一，你会阅读文学作品并试着分析、批评。你所遵循的论文写作规则名为五段法。第一段必然是引言、简介，接下来的三段分别进行论证，最后一段总结全文并得出结论。这种文章，每一段都有相应的规则教你怎么使用主题句和转折语展开段落。一旦掌握了这种诀窍，你就能够像其他学生一样写出一篇出色的规范化小论文，而正是这种统一性才使得老师有可能根据标准给学生的文章打分。当你精于使用这种写作模板后，在标准化考试或大学联考中写出同类文章就轻而易举了。在判卷过程中，评分老师也是匆匆一瞥。如果你能把这种文章写长点，再用上一些深奥的词语，就能得到高分。但是，这种写作训练并没有教给你深度思考，也没有告诉你如何把观点和盘托出。正如一位预科学校老师金伯利·韦斯利（Kimberly Wesley）指出的，五段式文章最为显著的一个特点就是"倾向于遏制学生们批判性思维能力的发展"。[①]

当你在学校习得写作技能的时候，有些信条也潜移默化地影响着你。其中一条就是，文章写得越长，越可能获得高分。你读到的学术著作里全是被动语态和专业术语，于是，你也模仿写那样的文章，好让自己的作品看上去显得颇具学术价值。在对斯坦福大学本科生群体所做的一项调查中，86%的受访者承认他们在论文中故意使用复杂词语，以使文笔看上去更加老练。[②]

当你毕业后找到工作并入职时，公司指派给你的第一件事就是让你看员工手册，那里面充斥着各种法律措辞和行业术语。你的同事们在各种报告中写又臭又长的废话，然后用电子邮件发给你。因此，你自然就会把在学校学到的那些写作技巧发扬光大，很快也就成了公司里众多废话制造"机器"中的一员了。

我们之所以会这样写作，是因为教育系统就是这样训练我们的。但这种训练实际上并没有取得预期效果。在WOBS写作调查中，只有38%的写作能手表示是他们高中和大学的写作老师为他们日后工作中的写作能力打下了良好基础。

我无法改变写作课程的教授方式。但如果我能改变，我将采取下列措施：

---

① 引自金伯利·韦斯利撰写的《五段论的恶劣影响》（*The Ill Effects of the Five Paragraph Theme*），《英语日报》（*English Journal*），2000年9月，第57~60页。参见http://wobs.co/WWBwesley。

② 引自丹尼尔·M.奥本海默（Daniel M. Oppenheimer）撰写的《不可靠地使用不相关必要性的后果：使用不必要长词的问题》（*Consequences of Erudite Vernacular Utilized Irrespective of Necessity: Problems with Using Long Words Needlessly*），《应用认知心理学》（*Applied Cognitive Psychology*），2006年第20期，第139~156页。参见http://wobs.co/WWBoppenheimer。

我将缩减班级规模并增加写作任务量，这样学生就能在写作之后经常得到老师的反馈。学生不断对他们的作品进行修改、重写，真正学到抛弃一切废话的写作技能。

对学生的写作课作业将以"简洁""清楚""论点鲜明"这样的字眼加以评判。一篇较短而简单的文章就应当比一篇充斥着无数"因此""然而"的长篇大论获得更高的分数。

学生们要练习写电子邮件、博客文章以及各类调查报告，而不仅仅练习写作议论文，这样才能为他们今后踏进真实职场打下写作基础。

这套办法是管用的。我曾经指导过许多刚走出大学校门的学生和好多经验丰富的职场老手，他们后来都学会了修改文章和校对编辑，力图写出简短、有力而又富有影响力的作品。然而，这些人在一开始接受指导时，被我一次次否定写作预想，不断打击，也经历过一段迷茫的时期……但是，随后经过一段时间的训练，他们就成长为拥有新的写作理念的、有影响力的交流高手了。

我还用这种方法教授过高中学龄的在家接受教育的学生。这些在家接受教育的自主学习者没有受到教育系统中预设的写作观念的影响，很自然地就接受了我的写作指导思想。后来，我这些学生逐渐成长为更为优秀的写作高手，他们所撰写的大学入学论文就和其他普通学生所写的完全不一样。他们不知道什么是五段式议论文，因为他们是真正的写作高手，而不是流水线上生产论文的工人。

除非全美国的写作老师、教育管理者和立法者能够读到这些内容并真正内化理解，否则我们是不可能改变现状的。我的目标就是改变你，你要承认自己在高中和大学里学到的并不是你今天写作时所真正需要的技巧，你今天的写作，一句废话都不要有。

你的机遇

或许你会因为无法逃避这个充满废话的世界而感到沮丧、消沉。毕竟，我想在短期内，由于技术潮流、公司影响和教育惯性所带来的影响，写作废话的趋势是不会改变的。

应对的办法就是将这种现状看作一次机遇。

如果用和他人一样的方法来写作，就很难超越平凡。如果你还认为自己可以依靠写废话来取得先人一步的优势，那么你必定会遇到很多激烈的竞争。总有一些人写废话比你写得更好。一旦你指望通过写废话来脱颖而出，你将越陷越深，最终万劫不复。

事实上，你完全可以另辟蹊径，不走寻常路。就像我教的那些在家接受教育的自主学习者和我指导的那些职场写手一样，你可以学着在写作中删掉没用的废话，重新以坦率的方式进行表达，写出你内心真正想表达的意思。你可以学着在写作中坚持运用时间铁律，坚持把读者的时间看得比自己的时间更为宝贵。你的这些努力读者会注意到。在一片完全充斥着废话写作的灰暗背景中，文笔简练、观点突出的文字就会自然地脱颖而出。

你所需要的就是勇气和一套清晰完整的写作指导。这两样都是我即将送给你的。

少说废话

第二部分
改变你的写作内容

第3章　克服恐惧

接下来，我将和你分享一些最为实用的写作建议。我不得不承认，我的建议的确来源于一批在写作上极为成功的大作家，吸收了他们的经验，听从了他们对写作的忠告，这些令人尊敬的大家包括小威廉·斯特伦克（William Strunk Jr.）、E. B. 怀特（E. B. White）以及史蒂芬·平克（Steven Pinker）。或许你已经读过他们所写的作品了。尽管如此，根据他们的建议，要想写好一封电子邮件、一篇报告和一条推文，你额外要做的还有很多，原因如下：

首先，他们的建议是针对一般作者的。而我的建议则是专门针对商务工作中的作者的。通常作者写文章的原因很多：有人为了娱乐，有人为了通知事情，还有人可能为了说服别人而写点东西。但商务写作只为一个理由：完成某件事。我的写作建议也许没法让你在《纽约时报》上发表文章，但我的建议可以让你保住工作，甚至让你在职场上一路高歌猛进。

实用写作似乎应该更加直白，但在现实中，由于恐惧因素的存在，情况并非如此。在商务实践中，恐惧会让人滋生不良的写作习惯。在工作场合，感到恐惧是正常的；你所写的任何材料都可能带来风险。你害怕在写作中表明立场，害怕承担责任，害怕出错。

其实，我们每个人都更愿意坦诚地写作，而不愿意因恐惧而畏首畏尾。我们都想拥有实话实说的好名声，而不愿意遮遮掩掩。尽管内心秉持着正直之念，但恐惧还是毒害了我们的文风。恐惧摧残了写作中的清晰表达，使我们所写的内容含混模糊、不知所云。除非勇敢承认恐惧对你的影响，否则你就不可能真正改变自己原来的写作方式。

为写作提建议就如同为健康提忠告。我就像一个医生，在告诉你要保持健康饮食并勤加锻炼。你明明清楚这些建议是正确的，但你并未自觉地这样去做。直到你真正理解了饮食和锻炼背后所蕴含的哲理，你才会真正做出改变。同样，想要遵循本书所提出的写作建议，你首先必须正确理解职场写作的真正要义是什么，当然也要理解恐惧对写作产生的影响。

因此，应对之策就是即便感到害怕，也要大胆去写观点鲜明的文章。

认识恐惧：一个实践案例

想象一下，你是一家公司的服务部经理，负责在公司客户那里安装机器并提供相应服务。其中一台机器发生故障了，你的顾客十分生气。在这种情况下，大多数人可能会写下并发出这样一封电子邮件：

发件人：服务部经理泰德·琼斯（Ted Jones）

收件人：销售服务管理委员会

主　题：服务情况分析

正如您所知道的那样，我对我们的服务状态按惯例进行了一次月度考察研究。我想指出的是，过去每月的月度考察报告结果均表明：我们在服务状态方面表现出色。我们部门的服务人员一直被普遍认为是全公司好评率最高的地区级团队。

在我上个季度颇为详尽的服务分析报告中，我得出的结论是，我们的服务普遍保持着相当不错的情况。不幸的是，在这些积极正面的结果中，有一个消极负面的情况。我们有一台机器没有修好，客户就急不可待、不管不顾地使用机器了。不幸的是，它给顾客造成了相当大的损失。如果您想知道当事客户是哪家公司，告诉您，它就是Randco公司。我们已经尽可能地对客户进行安抚并挽留，但保留这家客户大概已经没有可能了。我希望这件事最好别以诉诸法律的结果告终，但不排除对方将就事故造成的损失对我公司提起诉讼并要求赔偿的可能性。

请记住，我们在其他顾客那儿留下了极佳的服务声誉。我希望我们能够保持与其他客户的联系。此外，我还写了一份调查报告，专门分析事故原因，并就如何避免此类问题重演做出了相应说明。

感谢您对此事的关注，顺祝您季末愉快。

泰德没有欺骗任何人，但邮件的接收者应该会感到非常生气，因为他们必须费好大劲才能从这封邮件中搞清楚到底发生了什么事。这就好像在一堆大粪四周种雏菊，大粪还是恶臭难当，种什么都无济于事。在这种情况下，为什么不直接指出那儿有大粪，好让我们知道别踩上去呢？

这就是恐惧在作祟，虽然泰德用这种方式描述情况可以让他感觉好点，但事实上这让读者感到不快。他的问题有如下六点：

·**主题栏意义缺失，态度不明。**"服务情况分析"这一主题并没有提示读者该邮件传达的是一则坏消息，甚至没有指出这是一封重要邮件。泰德的邮件把这些信息留在后面才提，实属不该。

·**邮件开篇入题慢并带有不祥预示。**整个第一段向我们透露即将提及坏消息。有些没耐心的读者读到这里，血压就开始飙升了。

·**障眼法。**"我得出的结论是，我们的服务普遍保持着相当不错的情况"这一句并未陈述事实。诸如"普遍"等词语指代并不具体，但这些词告诉读者接下来要读到坏消息了。当读者读到接下来的那个词（即"不幸的是"）时，尚存的一丝好感瞬间消失了。

·**用被动语态逃避问题。**文章中用了诸如"给顾客造成了相当大的损失"（damage was caused）和"我还写了一份调查报告"（a review has also been undertaken）这些被动句掩饰自己的责任。同时，还有些语句，如"保留这家客户大概已经没有可能了"（retention may not be possible）和"提起诉讼的可能性"（possibility of getting sued）等虽然语法上并非被动句，但同样在表述上隐藏了造成这些后果的行为人。尽管在文章中运用被动语句能够使你跳出事件，显得客观，但这样会让读者搞不清到底是谁该为这种行为的后果负责。

·**模棱两可，含糊其词。**除非和相关统计数据一起使用，否则诸如"普遍""相当"和"最高"这类丝毫没有实际意义的程度加强词并不能说明任何事情。这些词只是为了填充文本。商务交流必须直来直往，直切重点；多余的词语只会妨碍交流效果。

·**"友好的"结尾。**泰德还是害怕用一个坏消息作为邮件的结尾，所以他必须加上"祝您愉快"这种基本的客套话。但这种结尾可能会导致更糟糕的结果，至少泰德并非真心实意地写下这句话。所以，还是直面事实吧：令人愉快的结尾可以让你和读者感到愉悦，但并不能给读者带来任何好处，尤其是在他们刚得知这样一个严重的问题之后，还是不加那种客套的结尾为妙。

糟糕的写作——尤其是恐惧下的写作——会令人感到不安。与我们的直觉不同，在这种情况下，泰德最好将事实明确而坦诚地说出来，这样效果可能会更好。要这样做就得从标题栏开始，他应该在标题栏中就直接告诉收信人"有问题，遇到麻烦了"，在随后的陈述中指出谁应为此问题负责，以及他们接下来打算怎么办。泰德应当把这封邮件写成如下这样：

发件人：服务部经理泰德·琼斯
收件人：销售服务管理委员会
主　题：在Randco公司的服务问题和相关后果

我们的服务在Randco公司出了问题，该公司是我们最大的客户之一。在对方发出的一次服务要求中，我方一名技术人员未能成功修复该公司采购的其中一台机器，给对方造成了价值数十万美元的损失。

我们已经采取了以下相应措施：

·我方派遣一名资深销售人员前去努力安抚并挽回Randco公司这一客户的信任。

·告知公司法律事务部可能面临赔偿诉讼。

·调查技术服务记录，除此次事故外，该技术人员服务记录保持优良评价。因此，我建议对当事技术人员予以警告，不再对其做出进一步处分。

·调查我们的服务过程。根据调查结果，我得出的结论是，此次事故过程并不是我们服务流程的常态。我们当前采用的服务标准流程将避免此类事故重演。这一标准流程和我们过去几个季度在质量好评率达98％的业绩中所采用的流程是一致的。

当您和Randco公司联系时，请注意考虑此次事故。销售部的同事可以继续对我们整体的服务质量抱有信心。如果您有任何进一步的问题，请随时与我联系。

在这封邮件中，泰德把问题摆在了最前面。他承担了对此次问题立即采取补救措施或挽回措施等相关责任。在每条措施前面采用了圆点标注，使条目清晰且易于浏览。同时，把较为积极的消息放在最后，而且那确实是服务部做得好的地方，这样会令人稍感欣慰，并且在文本中还采用了真实的统计数据（98％的服务质量好评率）。在这一稿的结尾处，泰德告诉大家他能够做好后续工作，并且如果有后续问题，可以随时再联系他。

在这封更新版的邮件中，泰德勇敢地说出了他的真实意思，展现了他的坦诚相待。由于开门见山、直截了当，他做到了尊重读者的时间。与前面那种自我防卫式的文风相比，这种坦诚的文风更能给读者留下好印象。

当你畏惧时，就大胆地去写

所有的领导者都能做到即便害怕，也明确而直接地写下想要说的话。我们以戴尔公司的高层小莱昂内尔·门查卡为例，我曾在前面提到过他。门查卡在做戴尔公司的博客管理员时，接手的第一个任务就是写一篇关于电池问题的博文，这个电池问题会导致戴尔笔记本电脑起火。其实，这种情况下

很容易避重就轻，推卸责任。相反，门查卡这样写道：[①]

起火的笔记本电脑

你最近在博客圈读过的所有内容里，臭名昭著的大阪"笔记本电脑起火事件"再没有最新的跟进消息了。我们已经对那名顾客的电脑进行了更换，而且目前仍在调查起火原因。我们认为，起火原因是锂电池出现了问题。

戴尔公司的工程技术团队正在会同消费者产品安全委员会和一个第三方事故分析实验室一起调查本次事故的起因，以确保我方能够采取一切适当措施避免此类问题的重复发生。另外，顺便提一句，目前有数十亿笔记本电脑、MP3播放器、个人数字助理（掌上电脑）和手机都在使用锂电池。

门查卡在这篇博文中显得十分紧张，但他还是说出了他所知道的事实情况。戴尔公司创始人兼首席执行官迈克尔·戴尔对门查卡很支持，由于他的力挺，门查卡得以继续进步，成为戴尔公司官方博客的首任博主，并成为戴尔社交媒体团队中受人尊敬的一员。以这篇博文作为基础，戴尔公司和受影响的顾客进一步沟通，最终同意更换超过400万块笔记本锂电池。[②]

这里还可以举一个例子。约翰·W. 亨利（John W. Henry）担任《波士顿环球报》（*Boston Globe*）发行人的时候，有一次，因更换派送公司出了

[①] 引自小莱昂内尔·门查卡2006年7月13日在博客Direct2Dell上发布的文章《起火的笔记本电脑》（*Flaming Notebook*）。参见http://wobs.co/WWBmenchaca。

[②] 引自汤姆·科雷兹特（Tom Krazit）2006年12月20日在CNET News上发表的文章《戴尔公司召回400万块锂电池》（*Dell to Recall 4 Million Batteries*）。参见http://wobs.co/WWBdell。

问题，数千份报纸没有派送出去，订阅的顾客非常生气。亨利并没有为此找任何借口帮自己开脱，而是在报纸的社论专版的最顶部写了如下这段话：①

我们向尊敬的读者致歉

为社区带来每日新闻是《波士顿环球报》对本社区所负有的职责。在此，我想跟大家分享一些消息，以此向读者解释为何在过去10天中，我们失信于许多读者，没能达成给他们带去新闻这一工作目标，还要向读者汇报我们正如何开展解决这一问题的相关补救工作。另外，还要稍加解释造成这一问题的根本原因。

首先，我想以个人名义向所有因此事而遭遇不便的《波士顿环球报》的订阅者致以最真诚的歉意。我们明白你们信赖我们，而我们却辜负了你们的信任。我们正夜以继日、加班加点地从各个方面解决这一问题。为此，我还要感谢上周末为我们投送了近20 000份《波士顿环球报》（周末版）的各位同人。

（文章随后从细节上向读者说明了是哪一环节出错导致了报纸投送问题，并就如何解决这一问题进行了详细解释。）

我唯一能做的就是为你祈祷，愿你在商务写作中最好无须处理如下问题，比如设备仪器因维修不当而发生危险、产品发生自燃事故以及公司无法把主打产品送上客户家的车道等这类灾难性问题。但是，在日常情况下，恐惧时刻潜伏在每名员工的脑海深处。当你真正了解恐惧之后，你就能克服恐惧，真诚地写作——写出你真正的意思。

———————————

① 引自约翰·W. 亨利2016年1月5日在《波士顿环球报》上发表的文章《我们向尊敬的读者致歉》（*We Apologize to Our Loyal Readers*）。参见http://wobs.co/WWBhenry。

专门写给女士的建议，大胆写作可以改变一些事情

在写本书的初稿时，编辑建议我在书中专门指出职场女性在应用这些写作忠告时需要注意的不同之处。当时我还颇不理解，"对女性而言，为什么会有不同呢"？但是，后来我才了解到，一些女性读过我的博客后，认为有些话题触及了她们的痛处。

在工作场合与她们交流时，我发现性别确实会造成很多影响。女性职员告诉我，如果她们胆敢直言不讳地写文章，就会被人指责尖刻、恶毒。其中一位女职员告诉我："女性之所以在文中使用表示程度的修饰词，是因为如果不用这类词，职场中的男性会认为我们怀有敌意。"另一个女职员则说："我每年都要参加很多会议，在这些会议上，我目睹了男性能比女性获得更多的发言权，能够抛出更有力的观点。我亲耳听到很多女性无论是否必要，都会道歉和放弃自己有根有据的观点。"

德博拉·坦嫩（Deborah Tannen）在其所著的《从9分到5分的说话方式》（*Talking from 9 to 5*）一书中，对这些观点进行了分析研究。根据她的解释，"我们经常听到这种说法，某个女员工缺乏自信或某个男员工傲慢自大。如果我们把这些特征视为个人缺陷并加以研究思考，我们会发现，缺乏自信和傲慢自大这两种人格特点在男性和女性中并无明显的按比例分布的现象，这是因为这些人格特点是由人们对男性和女性说话方式的特征期待过高造成的"。[①]也就是说，在职场上，大家期望女性退缩、服从，却期望男性发出声音。

很明显，这里存在一个问题。当女性年轻时，父母和老师总是倾向于

---

① 引自德博拉·坦嫩所著的《从9分到5分的说话方式》，威廉·莫洛出版公司（William Morrow），2001年，第42页。

奖励女孩子的服从、退让行为，同时却鼓励、容忍男孩子的自由表达和打断别人的行为。事实上，尤其是在女性刚刚走上工作岗位时，她们在有男性挑战自己的观点时，会立即道歉或缓和自己的态度，而且这种情况是相当普遍的。在工作场合，与男性相比，敢于直言不讳、大胆发声的女性实在太少。

　　所以，当一位女性表达自己的观点时，恐惧和害怕并不是她唯一需要应对的压力。社会压力总是会消除一些特定人群的相关特征，而且这种社会压力是长期伴随人们的。社会对女性不公，要求女性承担维护和谐的责任，要求她们确保所有事都顺利展开，所有人都相安无事。在我个人看来，这一点是造成女性总是道歉，总是不表态，从不坚持自己有根有据的观点的重要原因。

　　我无法改变工作中男性和女性的说话方式，但我可以改变他们的写作方式。而且，在写作中，女性完全能够消除上述不利因素。

　　仔细考虑一下你的写作内容，尤其是在写电子邮件时，可以尽量使行文直截了当、切合事实。

　　如果你有习惯于道歉、使用程度修饰词或含糊其词的倾向，那么你可以在发送邮件之前，对你所写的内容再度编辑修订，确保这些问题已被消除。

　　安布尔·内斯隆德（Amber Naslund）是作家，同时也是Sysomos技术公司的高级市场营销副总监，她发现直截了当的写作方式和说话方式使她在职场上获益良多。她自己解释说："当我意识到善于批评和受人讨厌所带来的后果远远不如被人无视的后果严重之后，我就开始大胆直接地表达观点，不再那么恐惧了。"写作能给人留下深刻印象；在WOBS写作调查中，65%的女性承认她们是通过写作给别人留下了深刻而积极的印象。（对男性而言，这一比例仅比女性略高，为70%。）

尽管有些人会对女性作者抱有偏见，但在文字材料中，这些偏见所产生的影响是微乎其微的，而且很容易克服。男性不会对文笔犀利、态度直率的女性抱有看法，不会认为她们过于尖刻。事实上，和说话不同，在写作中，不论作者的性别是男是女，也不论他们的性格如何，只要表达清晰、观点新颖，他们都会受到应得的尊敬。如果你想在职场上一路高歌猛进，获得更多的关注，那么就学着在写作中表达出你真实的意思吧。

对策就是直言不讳地大胆表达

你可能只要一提笔写作，就习惯于用冗词陈句掩盖你想要表达的事实，但在下面几章中，我将教给你如何尽量简练地写作。我将教你如何把结论开门见山地写在文章的最前面，别再慢慢展开，直到最后才得出论断了。我将向你展示如何少用被动语态、专业行话和含糊其词的文字回避事实，从而清楚明白地表达观点。在每一章中，你不仅能明白为什么我给出的写作方法能够起到作用，还将了解到底是什么因素在阻碍你创造佳作。

在接下来的一章中，我将开始讨论能使你与读者更好地交流的最为重要的一点：写作尽量简练。

第4章　写作尽量简练

在写作中，要尽量用较少的文字表达相同的意思。

在这个纷繁的世界上，在所有直接高效的沟通方式中，尽量简练是最为有效的手段。开门见山，赶快直切主题，表达出你想说的信息，让读者把时间省下来做别的事。请时刻牢记时间铁律：

把读者的时间看得比自己的时间更加宝贵。

在WOBS写作调查中，我曾询问商务作者，在他们所读到的文本中，有哪些问题经常让他们阅读效率低下（见图4-1）。从他们的回答来看，有一个问题比其他问题所占的比例都要高，有65%的受访者认为他们读到的文字材料经常太过冗长，还有45%的人承认他们自己所写的文章也存在同样的问题。

在你所读、所写的文字材料中，
以下哪个问题是经常遇到并且严重影响阅读效率的?

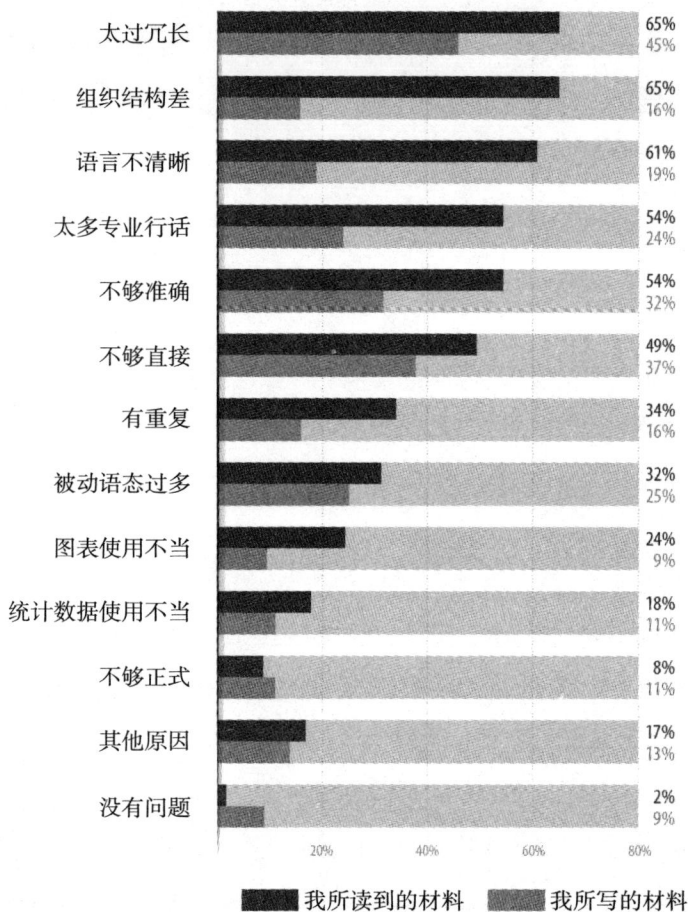

问题	我所读到的材料	我所写的材料
太过冗长	65%	45%
组织结构差	65%	16%
语言不清晰	61%	19%
太多专业行话	54%	24%
不够准确	54%	32%
不够直接	49%	37%
有重复	34%	16%
被动语态过多	32%	25%
图表使用不当	24%	9%
统计数据使用不当	18%	11%
不够正式	8%	11%
其他原因	17%	13%
没有问题	2%	9%

■ 我所读到的材料　■ 我所写的材料

图4-1　专业人士阅读或写作的文本材料中经常出现的问题

资料来源：WOBS写作调查，2016年1月~3月

调查样本：547名每周花2小时以上进行英语写作（不包括电子邮件）的商务专业

人士

为什么要用冗长的文字浪费别人的时间呢？这是因为你没有安全感。你害怕文章直切要害；你需要慢慢展开，层层推进。你之所以把同一件事反复用几种不同的方式说好几遍，是因为你不知道哪种表达方式最为合适。因此，你就要多花时间把想要表达的内容说清楚，自然就需要用冗词陈句加以闪烁回避。

理想的写作应当惜字如金，删去一切不必要的语言。写文章越是惜字如金，观点就越有说服力。正如罗伊·彼得·克拉克（Roy Peter Clark）在其极具指导价值的著作《如何把文章写短：节约时间的用词技巧》（*How to Write Short: Word Craft for Fast Times*）中所说："在修改文章的过程中，我意识到90%的删减都会对文章有好处。"[①]在修改文章时，别光删减臃肿的语句，把那些你喜欢却无益于文章主旨的语言也一并删掉。

我在前面提及的那个市场营销顾问汤姆·切尼夫曾指出："当你写任何材料时，请先把第一句删掉。如果文章仍然表意清晰，再试着把第二句也删掉。以此类推，一直删到你觉得再多删一句便将导致文章产生意义缺失的时候，就可以了。对我写的所有文章，即便是我发在脸书上的一篇网文，我都会问自己：还能再短点吗？还能再简单点吗？还能再干脆点吗？"

尽管编辑会帮你干这些事，但你还是必须学会自己去做删改工作。不可能总会有编辑帮你校读每一篇博文、每一条推文或每一封电子邮件。所以，要养成把文章写短的习惯。

那么，如何把文章写短呢？我已经为你搜集了一些技巧，为便于你使

---

① 引自罗伊·彼得·克拉克所著的《如何把文章写短》，利特尔&布朗出版公司（Little，Brown），2013年，第12页。参见http://wobs.co/WWBclark。

用，现将其罗列如下，先列出的是编辑工作整体建议，随后是字句修改层面的建议。

·**全面编辑**。养成全面编辑校对的习惯。没有人在写初稿时就能做到紧凑、简练，没有废话。你需要花时间把头脑里的话转移到页面上。所以，你必须承认自己的写作并不完美。先写作，然后花点时间自我修订。经过不断练习，你的文稿会变得越来越紧凑、简练，但每次写完文章，仍要做好编辑工作。

·**设定单词数量目标**。电子邮件不应超过250个单词，博客文章不应超过750个单词。感受一下，100个词左右、300个词左右、500个词左右或1000个词左右的文章读起来都是什么感觉？各花多少阅读时间？为了节约时间，文章中的哪些部分可以跳过去？设定单词数量可以让简练写作变成一个具体可行的目标。

·**只写真正想表达的意思**。有时，你不得不用一整篇文章来说清想要表达的事。没有关系，只要写完后，再回过头来把对文章的意思没有影响的部分删掉就行了。删掉文本中对中心思想没有支撑作用的文字。

·**开门见山**。介绍性的引入文字实属废话，要果断抛弃它们。文章的前50个单词一定要吸引读者。以观点鲜明的陈述开启一篇文章，千万不要闪烁其词或者一开篇就急于致歉，应该用这样的语句开头："我们需要重新考虑客户服务方式"或"我们准备好扩张业务了吗？"。如果你必须写一些介绍性的引入文字以便逐渐展开叙述，那就在写完文章以后做修改时将它们删掉。你会发现，没有那种开头的文章一样具有可读性。（关于如何写开篇，我会在下一章中给出更多建议。）

·**坚持不懈地组织文章逻辑**。在WOBS写作调查中，65%的职场作者认为，他们读到的写作材料中，还有一个屡见不鲜的问题，就是行文逻辑混乱；34%的人指出很多文章都有内容重复的问题。逻辑组织混乱、内容重复的文本都会造成一种极大的浪费。你是否会在同一篇文章的几个段落中重复说明某个观点？请把那些相同的部分整合起来，删掉重复的部分。围绕中心观点，把文章内容重新组织一下，把支撑观点的所有材料都放在一起。这样，文章不仅会变得更短，也会更便于读者理解。

· **删除不必要的段落和论据**。如果你写了五段话，那么能否改成三段或者四段呢？能否直接删掉某一段而不影响论据？是否有的地方用两个例子就足以说明问题，而你写了四个？你写文章不是为了卖弄学识，而是要尽量节约读者的时间。请把你文章中那些不具支撑作用或者过分冗余的材料删去，这样能够使整篇文章显得更有力。删！再删！如果你忍受不了亲手删掉自己的心血，那就请人来编辑、校读一下，让人来告诉你哪些部分毫无用处。记住，在根基不稳的论据上再怎么增加修饰，都只会让这个论据更加不堪一击。相反，直接把不必要的论据删掉往往会达到更好的效果。

· **使用点状条目符号或表格**。在文中用文字形式表示项目的罗列（比如"第一""第二"，或"一方面""抑或是"）会占用额外的文本空间。在可能的情况下，请使用点状条目符号来表示罗列的项目。把每项的第一个词组或第一句话加粗，可以让读者更容易分辨。如果你想表达的信息已经过整理，结构已经相当清晰，那么使用表格则更利于展现大量信息，读者更容易通过表格一次性了解全部内容。（参见第11章，我将给出更多关于有效规划文章结构的建议。）

· **使用示意图**。一张简单的示意图通常要比一大段文字更容易让人理解。示意图可以用于陈述事实、表明观点，不用太多细节就可以轻松展示证明过程。但千万记住，务必保证示意图简洁明了；不要把复杂的文字简单地转换为令人费解的图示，那样是达不到效果的。

· **删去连接性语句**。所有诸如"因此"和"现在，让我们继续"这类连接语只会挤占文本空间，既占用屏幕上的有限空间，又白白占据读者大脑的空间。再检查一遍你所写文章中的所有长句，尽量将它们都切分成短句。这样一来，你的文字更易于被读者消化、吸收。段与段之间的过渡只需要简单的一句话，比如："刚才我们已经讨论过报价，现在我们来检查一下网点分布。"

· **删掉含糊不清的词和程度修饰词。** 每个"非常""相当"或"另一方面"这样的词不仅会使你的文章失色，更会使文章变得冗长。请检查一遍你的文章，把修饰词统统删去。尤其要注意尽量使用事实表述，避免使用宽泛的、概括性的修饰词。（关于这一部分的细节，请参见第8章。）

重要的文章应尽量写短些

来看一个著名的例子。微软在2014年4月收购了手机制造商诺基亚的股份。原诺基亚首席执行官斯蒂芬·埃洛普（Stephen Elop）作为微软旗下一家分公司的经理，仍然管理着他原来分管的业务。大约在收购完成三个月后，他向所有诺基亚的员工发了一封1100余词的、令人费解的公函，想要对他们（诺基亚员工）解释分公司发生的变化。[①]我节选了部分信函内容（出于宽容，我已经做了部分删节，但如果你想查看，网上仍可搜到他的完整版信函）：

嘿，大家好！

微软公司的战略聚焦于生产能力，而我们的愿望是帮助人们"做

---

① 引自微软网站2014年7月17日发布的文章《斯蒂芬·埃洛普致员工的一封信》（*Stephen Elop's Email to Employees*）。参见http://wobs.co/WWBelop。

得更多"。作为微软公司的设备团队，我们的作用就是把这一战略传递给所有人。我们是研发硬件的团队，我们研发的硬件代表了微软公司数码产品的最高水平和微软所能提供的最佳数码生活体验，我们将汇集微软最好的应用产品、最好的操作系统和最好的云服务。

为了配合微软的公司战略，我计划集中我们的精力。尽管我们拥有广泛的设备研发经验，但我们必须把精力集中到我们能够创造最大价值的领域。公司和我们前途的源泉是生产能力，是提供帮助人们解决问题的服务。我们的根本聚焦点——为手机、Surface平板电脑，还有PPI、Xbox硬件等设备以及其他新兴创新领域提供服务——就是建立在这种力量上的。对我们团队的主体而言，我们的努力方向并没发生多大改变，但我们必须创造机遇、精心规划，把在手机业务上与微软的联盟作为已经改弦更张的诺基亚团队继续发挥其一体化作用的新方向。

归入微软公司旗下的手机业务和原诺基亚公司的手机业务具有完全不同的角色地位，承认这一点是尤其重要的。诺基亚公司将手机硬件业务作为公司追求的根本目标，但在微软公司，我们所有的设备都被认为代表着微软数码产品的最高水平和微软所能提供的最佳数码生活体验，同时也要为微软的整体战略积累价值资本。我们的设备战略必须反映微软的公司战略，而且必须能够实现适当的收益。因此，我们计划做出一些改变。

我们将尤其关注搭载Windows操作系统的手机（Windows Phone）的销售市场开发。在下一阶段，我们计划紧盯智能手机市场份额，加快推动Windows Phone的市场销售，目前凭借Lumia系列，我们的智能手机在市场份额方面拥有最高的增长率。此外，为了实现业已规划的证券投资组合项目……（以下半段和接下来的五段内容共计464个单词，主要讲的是将要被削减的产品和下属单位。）

总而言之，我们将把工作焦点聚集到我们目前业已取得成功的产品销售区域，把Lumia系列产品的销量进一步扩大，以便为未来的Windows Phone争取市场。我们将以更快的速度推出能够提供不同体验的新产品，以便在可占领的智能手机市场中迅速建立优势并取得成功。我们将更加关注在微软的服务和产品已经高度集中的市场上增加新的客户源。此外，我们将继续在各类应用程序方面维持较猛的开发势头。

我们计划实现这一目标，预计明年将裁员近12 500人，这些人员包括直属雇员和工厂的技术雇员。这一裁员决定对我们团队而言实在是一个艰难的决定，因此我们计划向离开团队的员工发放遣散福利金。

对于产品设备团队的其他成员，我们则将继续努力，通过增加代工（OEM）合作伙伴，推进下一代会议与协作设备的研发，以及逐渐有思路地扩大Windows的新型互动模块等方式，为市场带来标志性的平板电脑产品。随着我们团队年初已经实施的一系列变革的有序展开，今后我们在Surface、Xbox硬件、PPI/会议设施或下一代研发团队的构成上将不会再有太大变化。

我们承认目前规划的改革涉及面太广，而且将会给我们团队的很多成员带来难以抉择的影响。我们将尽可能为大家提供清晰明了的信息。今天以及接下来的数周中，我们公司的领导们将会在大会堂向大家发布相关信息，同时将会在企业内部网站上向大家提供更多的详细情况。

我们这个因收购而从诺基亚公司转移来的团队和那些以前就属于微软公司的团队在过去几年里各自都经历了太多变化。我们现在正在一家快速发展的竞争型企业里谋生存，因此变革是必要的。就如同我们的变革是如此艰难一样，萨蒂亚［微软公司首席执行官萨蒂亚·纳德拉（Satya Nadella）］在他最近发的一封电子邮件中表示，我们今天确立的这个发展方向也极其精准地契合了微软公司的整体努力方向，这一点是相当不易的。当然，毫无疑问，我们明确的方向、定位准确的聚焦、跟微软公司的联盟，外加能把我们的产品直接送达客户手中的销售机遇，都将使我们未来走向更大的成功。

此致

斯蒂芬

如果你是诺基亚公司的员工，收到这样一封邮件，会是一种什么样的感受呢？这封邮件实在让人费解。更糟糕的是，近80%的篇幅并没有关注12 500名即将失业的员工，因此对即将失业的那些员工而言，这封邮件毫无意义。（"总而言之"之后的一半文章完全是令人难堪的叨扰之词。）尽管他的原意可能并非如此，但埃洛普传达出的主要意思就一句话：我就是你们部门的头儿，我就是废话连篇。

假如你是斯蒂芬·埃洛普（或者你是给他提供建议的人），你将如何修改这封电子邮件呢？

首先来看一看单词数量目标，通常应当将一封邮件的篇幅控制在大约250个单词，这一点是很重要的。尽量写短点，你必须确保每个人都会好好去阅读邮件，并且你必须确保你的邮件聚焦于最重要的信息。

根据"只写真正想表达的意思"这条标准，这篇公函的关键信息是如下几点：

· 我们准备裁员12 500人，我们计划就此与员工进行沟通；

· 我们将工作的聚焦点放在研发用以支持微软公司软件目标的硬件设

备上；

　　·我们正在改变管理结构；

　　·我们正在重新布局开展技术加工的代工点。

　　所以，对这封邮件的改写将关注以上四点。可以将整篇文章中对这四条主要信息没有支撑作用的段落整体删掉，还可以将有关裁员的信息和有关微软公司重新布局代工点的信息予以整合。对于修改以后剩余的内容，还可以进一步再调整，删除冗余文字和被动语句，从而使文章信息更加清晰和直白。

　　这样修改后，邮件就会好很多了。

　　主题：微软公司设备团队的重要改革措施

　　我确信大家正在期待我们的机构必须进行改革，以融入微软并成为其有效组成部分之一。在这封电子邮件中，我将说明我们的改革目标、我们未来员工的规模，以及我们新的管理结构。

　　这一系列改革的动因是我们在微软公司所扮演的新角色。从前，诺基亚公司将目标定位在销售硬件产品上，而现在我们必须把目标聚焦在增加微软公司的软件价值和体验价值这两方面，其中一个措施就是我们要将微软的Windows Phone软件应用到Lumia系列手机设备上。

　　我们需要更加高效。我们将把乔·哈尔罗（Jo Harlow）调整到一个单独的电话业务部门。我们将把手机技术加工部门集中到芬兰的萨罗（Salo）（主要研发未来的高端Lumia系列产品）和芬兰的坦佩雷（Tampere）（主要研发更多价格便宜的设备）。我们将逐渐关停位于奥卢（Oulu，芬兰港口城市）、北京和圣迭戈的技术工程部门。我们将继续推进我们在艾斯堡（Espoo，芬兰城市）和隆德（Lund，瑞典南部城市）的应用软件研发部门的工作。（这一简短的段落概括了我上面引用的原邮件中省略的五段话的内容。）

工程技术方面的裁员人数和制造工厂方面的裁员人数加在一起，在接下来的一年里，我们公司总共将裁掉12 500名工厂直属员工和专业技术员工。

今天和接下来的数周内，人事组织部门的领导将会在大会堂举行相关信息的发布会，同时将会在企业内部网站上向大家提供更多详细情况。他们将会通知大家哪些职位将被裁撤，同时将会向大家解释关于遣散福利金方面的事宜。

跟我们的变革是如此艰难一样，微软公司首席执行官萨蒂亚·纳德拉在他最近所发的一封电子邮件中表示，我们今天确立的这个发展方向也极其精准地契合了微软公司的整体努力方向，这一点是相当不易的。随着公司的不断进步，我希望能够进一步向大家解释我们的发展方向。

此致

斯蒂芬

这样修改以后，整篇邮件就只有240个单词了。的确，这一修改稿对很多问题还是没有做出回答，但埃洛普毫无章法的原文同样也没有回答什么问题。这样一改以后，主题就更加清晰了，进而给读者留下更多的时间去阅读接下来的内容。我还删掉了前面几个铺垫的段落，把文章的重点聚焦在实际传达的信息上，使文风清晰明了，好明确地告诉读者后面的段落将说明哪些情况。这样的大变革是一个艰难抉择（在诺基亚公司，这就是一次相当重大的艰难抉择），同样道理，在一个紧凑的信息交流过程中，要把握写什么、以何种正确的方式去写也是很不容易的。

表4-1总结并归纳了如何把写作文本尽量压缩以使之紧凑的各种写作策略。

表4-1　关于如何压缩写作文本以使之尽量简短的建议

建议	怎么做	为何有效	难在哪里
全面编辑	永远记住要对自己写的文本内容进行编辑校对	当草稿写完时，只保留最好的文字	你从来没有为自己设置过专门的编辑校对时间
设定单词数量目标	在开始写作之前，决定好本次写作的单词数量目标	这个办法能让文章简洁这一目标得以量化实施	严格的字数限制会让你的文风受到影响
只写真正想表达的意思	写好草稿以后，把真实意思写出来并说清楚	你可以有机会重写一遍，把意思表达得更清晰	你必须删掉喜欢却偏离主题的那些内容
开门见山	坚决避免写介绍性的引入、铺垫文字	直奔主题、直切重点会让文章更有力量	文章开头不写引入性的文字会让你十分别扭
坚持不懈地组织文章逻辑	把相关要点综合在一起；把冗余内容删除	会让文章进一步变得简短，而且更易于读者理解	重新组织文章并重写是一项艰难的工作
删除不必要的段落和论据	删除多余的段落、论据和案例	三个有理有据的论点要比四五个站不住脚的观点好	你总是希望炫耀自己学识渊博
使用点状条目符号或表格	把罗列性的文本用条目或表格的形式展示出来	条目的形式可以使文章结构一目了然，易于浏览	这种写作方式会强迫你以严谨的逻辑结构进行思考
使用示意图	把一些文本内容替换成简单的图解形式	图片比文字更便于读者理解	别忘了你是写作者，而不是制图人
删去连接性语句	尽量删去连接词和过渡性语句	连接性的词语使文本用词显得累赘，让人感觉喋喋不休	当你笔锋一转并另起一段时，总是喜欢炫耀一下
删掉含糊不清的词和程度修饰词	避免使用"非常""通常而言"等程度修饰词	程度修饰词使写作文本显得拖泥带水、不够利落	你总是担心你可能会出错或得罪人

第5章　开宗明义

写作要直切要点。

读者的关注度是十分有限的。必须在开头的几个词之内就让读者了解你要表达的要点。如果你能抓住读者的注意力，引起读者的兴趣，那么你自然就可以进一步解释你的观点了。如果没能成功引起读者的兴趣，你便没有机会表达了。

在这一点上，对不同类型的文本要采用不同的技巧。电子邮件有主题栏，文件和博文有标题，而报告则有全文摘要。所有类型的文本都有引出全文的开篇句，用新闻术语说就是导语。但是，无论哪种类型的文本，写作目标都是相同的，即开篇就要以尽量少的词句传达文章主旨。

芭芭拉·明托（Barbara Minto）的著作《金字塔原理》（*The Pyramid Principle*）数十年来对商界的思想者有着很深远的影响。她说："在表达自己的观点、想法时控制好表达顺序，是清晰写作唯一需要重视的一点。最清晰的表达顺序总是先写出归纳、总结后的观点，再展开有待一一总结的个人想法。"①随着世界变得日益纷繁复杂，她的这一写作指导思想开始变得越来越重要了。

在为屏幕阅读者写作各种材料的过程中，经验丰富的写作高手已经将上述原则内化于心了。埃丝特·申德勒写过数以百计的杂志文章和内容营销方面的稿件，她是这样实践这一写作原则的："当你迫切地想写一篇长文时，你首先要写一个概括句。先把你期望读者读完整篇文章后需要了解的中心内容写下来，然后通过文章来论证这一论点。如果读者能够明白提纲挈领的开篇语，他们相对而言就更愿意继续把你的文章读下去。"

我把这条原则称为"写作要开宗明义"，也就是说，要把概括性的总结句放在文章的最前面。

为了掌握这种思维方式，你首先必须改变在学校里习得的那些用于思考和写作的惯性思维。学校里教你写作时应该先以铺垫语句开篇，然后逐渐演绎推理，从前提开始，最后得出结论。然而，商务读者没时间去阅读各种铺垫。另外，除非在开头已经知道结果，否则他们也没有耐心去了解相关的论证过程。所以，要开宗明义，直接以清晰明了的论点和所得结论为你的文章开篇。然后，再写如何得出结论的各种推理过程。这样一来，没有读完全文内容的读者也能从开篇的结论中获取他需要的信息。（当你还没有养成这种习惯时，你还是会把文章写得较长，那么就删去开头的铺垫文字，把结论提到最前面。当你按照这个方式做过几次以后，你就会养成开宗明义的写作习惯，这将为以后的写作节省很多时间。）

在商务写作的三种文体（电子邮件、商务文件和博文）中，如何具体

---

① 引自芭芭拉·明托所著的《金字塔原理：写作与思考的逻辑》（*The Pyramid Principle: Logic in Writing and Thinking*），普伦蒂斯霍尔出版集团（Prentice Hall），2009年，第9页。参见http://wobs.co/WWBminto。

运用开宗明义这一方法呢?

电子邮件: 在主题栏和起始句中就开宗明义

无论是给同事还是客户发电子邮件, 其目的都是沟通交流。如果收件人对邮件有足够的兴趣并打开了它, 而且邮件内容和主题栏的内容的确相符的话, 那么你就成功了。否则, 你的邮件就是一次失败的沟通。

主题栏是至关重要的。千万注意, 要做到准确、简洁。问一下自己, 如果收件人都只阅读主题栏, 那么你的标题能否传达有用的信息? 这里有一些发给同事的较好的邮件案例, 其主题栏为:

七月销售额比定额超出20%
我们必须对竞争企业的新特点迅速做出反应
请您注意福利方面的变化

此外, 还有一些较为糟糕的标题是这样写的:

现在, 我的脑海里有了一些想法
关于我们产品的三个想法
该是我们准备迎接大变革的时候了

前三个主题栏的内容清楚地预示了邮件的内容; 而后三个主题栏的内容则放之四海而皆可, 收件人看到这样主题的邮件可能打开阅读, 也可能根本不会去看。请记住, 当别人准备回复你的邮件或者转引、讨论你的邮件时，主题栏的内容将是他们主要讨论的中心内容。Gmail等现代电子邮件系统甚至可以根据主题将电子邮件按照线性结构加以组织。如果在线性序列中有一封邮件的主题是"现在，我的脑海里有了一些想法"，那会怎么样？还会有人去打开吗？真是不敢想象。

如果邮件十分重要，那么就请你在写完邮件的主题部分之后，再花30秒钟重新写一下主题栏。

别让读者一打开邮件就感到失望。在起始句就直接告诉读者你写邮件的目的和你将要采取的行动。比如，可以这样写："我们最大的竞争对手已经开发出一种新的功能，可以让用户在手机上一键实现预订。这一功能必将越发流行，因此我们需要尽快采取应对措施。"要直奔主题，直切要点。在邮件中，你没有时间闲言絮语（比如，"当我浏览竞争对手的网页时，我注意到……"这类话就是多余的）。

在表明了你的主要观点之后，要用剩余的邮件内容来证明你的观点。全文篇幅不宜超过250个单词。

如果邮件是写给顾客或者潜在顾客，而不是写给同事的，那么我们还是遵循一样的原则，只要稍加调整就行。一旦商务电子邮件令人心存疑虑，顾客就会认为这封营销邮件可能没有什么价值，因此市场营销人员都精于此道，往往在邮件的起始句就能引人入胜。最为重要的是要描述清楚邮件的核心问题。这一点之所以重要，是因为我们必须确保真正和邮件内容有关的顾客会打开邮件：他们正是那些存在某一问题的收件人。比如，关于"您的地毯又发霉了吗"这一主题的邮件，它的相关读者应该是那些需要地毯清洗服务的人。你要在邮件开头的几句话中告诉顾客你将如何解决相关问题。

关于这一点的更多细节内容请参见第21章。

商务文件：用标题和开头吸引住读者

如果你准备将一份重要文件（如报告）分发给一群人，那么这份文件的标题就是重中之重。标题必须具有足够的吸引力，使大家觉得这份文件有阅读的价值。此外，标题还必须能够被人谈论才行。比如，《纽约时报》编写的一份关于数字战略的内部分析报告就是简简单单地以"创新"为题。[①]这个标题实在是糟糕透顶。如果将标题改为"在数码时代拯救新闻业"，就会更加具有吸引力，同时也更加形象生动。如果是篇幅较长的文件，还可以使用小标题详尽阐述。

一份10页纸以上的报告需要额外加写一篇摘要。同样，请克制自己的本能欲望，不要在摘要中对报告加以总结。要把自己想象成一个电影剪辑师，像电影剪辑师那样思考你的文件写作，电影剪辑师都是要将影片的线索一点点地展开，好让你有兴趣继续看下去。一篇好的摘要应该包括能够激发读者兴趣的专有名词和各类数据。关于如何写好报告的标题和摘要，更多建议请参见第24章。

另外，还有一个和本能想法相左的建议：报告的文件名中也应具有有用信息。"别克2016年第四季度销售分析"这一文件名就很容易被人识别，并归在季度销售报告的类别中。而"v6销售报告"这一文件名则不具备这样的信息。千万别用不具备归类特征的文件名浪费读者的时间。

---

① 贾森·阿布鲁泽斯（Jason Abbruzzese）2014年5月16日发布在Mashable网站上的文章《〈纽约时报〉创新报告》（*The Full New York Times Innovation Report*）。参见 http://wobs.co/WWBnytimes。

博文：标题不仅要吸引读者，还要吸引谷歌才行

博客文章似乎是介于文件文本和电子邮件之间的一种文本类型。博文的标题必须能够引起读者注意，并能让读者方便地引用。

写博文的标题时，必须考虑搜索引擎的优先排序（SEO）问题。搜索引擎优先排序是一种将在线内容中的词语加以排序的科学方法，其目的是使排序靠前的内容在谷歌或其他搜索站点的页面中靠前显示。尽管搜索排序的问题很重要，但其重要性仍比不上清晰明了。如果强行在标题中塞进太多的搜索关键词，将使标题难以让人读懂。一个标题能够做到清晰明了、引人入胜就足够了，并不一定要强求排在博文搜索榜的前列，但其中能够诱使读者点开并继续往下读的文段则一定要显示在谷歌搜索的结果中，或者做成链接放在脸书上。

和电子邮件一样，博文也必须在短短几句话内直奔主题。要避免愚蠢的铺垫文字，或直接删掉铺垫，从实际内容开始写。记住，博文的起始几句话同样也会在订阅者的电子邮件和谷歌的搜索结果中显示出来，所以还是把那几句话写得言之有物一点为好。关于如何写好高效、实用的博文，更多详细建议请参见第20章。

还可以把有关标题的这些建议推广到其他类型的文本写作中去，比如书籍的标题或新闻通讯稿等。但是，无论是哪种交流形式，请记住，在撰写标题和摘要时都一定要平衡好清晰、简洁、吸引力和生动性这几个要素。这些都是文本写作中最为重要的部分。在你准备发表或点击发送文章之前，请再次考虑一下你的标题和摘要，并按照上述建议来重新改写。

第6章　删减不必要的被动语态

被动语态会让文章混乱不堪。确实，被动语态有其功用，但通常我们在文章中使用被动语态实在过于频繁。每个人都存在这个问题。

被动语态严重影响了直接、有力的行文风格。你先要对使用被动语态的写作习惯有敏锐察觉，然后我再教你如何改掉这一习惯。

首先，什么是被动语态？

在被动句中，句子的主语不是执行动作的施动者。这种句子是以已经完成的那个动作的名词形式开头的。由于缺失施动者，因此被动句开头隐藏了某些信息。比如，"对我们国家的状况，必须多加注意"（Attention must be paid to the state of our nation），在这句话中，谁被要求"必须多加注意"呢？那就是缺失的施动者。从语法上看，被动句由一些动词的"to be"形式（比如，is、was、ought to be、have been、should be、can be等）加上过去分词构成。通常，我们可以用"僵尸测试法"来简便地判断一句话是不是被动句：如果你在这句话的动词后面加上"被僵尸"（by zombies），整句话在语法上仍然说得通，那么这句话就是被动句。比如

"僵尸们必须注意……"（Attention must be paid by zombies . . .）。[①]

每个被动句都会让读者的大脑感到不适。由于被动句把句子中的主语"谁"隐藏起来了，所以读者想要知道到底是哪一股不为人知的势力应该对句中描述的行为负责。文章中被动句用得越多，读者就越会感到不安。这种不安感严重浪费了读者的时间，也就是说，违反了写作中的时间铁律。

修改写作中的被动语态可以促使你思考句中的施动者是谁。改写被动句应当作为一条写作准则，因为把被动句改为主动句不仅能增加句子的含义，还能增强文章的可读性。直截了当的作者是不会利用被动结构来掩藏信息的。

我曾经成功地帮助很多作者扭转他们使用被动语态的习惯。同样，我也能改变你。改掉这个习惯只需遵循"5R"步骤：认知（recognize）、增强意识（raise awareness）、重新考虑（reconsider）、重写（rewrite）、重新训练（retrain）。

改变写作习惯的过程其实和改变自己的饮食习惯差不多。比如，你想降低自己的糖摄入量。首先，你需要认知为什么糖摄入量会成为你的一个问题。其次，你需要对自己饮食习惯中所有的甜食诱惑提高认识。再次，你必须重新考虑自己的吃糖习惯。又次，你要把饮食中的甜食换成那些对你健康有益的食物。最后，你需要重新训练自己来适应这种更健康的饮食习惯，以使这一改变长期保持下去。

改变写作中使用被动语态的习惯时也应该如此，但你的目标不是杜绝使用被动语态。你的目标应当是尽量减少使用。如果能按照我下面介绍的各个步骤一一做下来，那么你将会成为一个更优秀、更积极有为的作者。

---

① "僵尸测试法"并不是我发明的。可参见美国海军陆战队大学伦理学教授丽贝卡·约翰森（Rebecca Johnson）2012年10月18日发布的推特文章，网址为http://wobs.co/WWBjohnson。

为何被动语态会成为影响写作质量的问题

被动语态随处可见，当人们希望"某些事情得以实现"时，就会普遍使用被动语态。人们会在报告中说明需要做出什么样的改变，却往往隐去必须为此付出努力的主体。如果试着用这种方式写一封推荐信，那么你就会立即发现问题。读者将无法看出到底是谁想要推荐这位被推荐人。

为了形象地说明这一点，这里从一份报告中选取了五句话作为案例。这份报告是马萨诸塞大学（University of Massachusetts）的一些学生写的，内容是分析波士顿准备举办奥运会的开支和挑战情况，我将其中的被动结构以黑体字的方式突出显示。[1]试想，如果你参与决策，这些句子到底是能够帮你搞清问题呢，还是只会让你找不到相关事项的负责人？（另外，如果在每个被动句的动词后加上"被僵尸"，你就会发现这些句子实在是令人忍俊不禁。）

（这些）事项**将需要密切跟踪**（will need to be closely monitored），以确保政府部门资助的企事业单位**得到应有的保护**（is protected），以免承担过多的财政负担。（到底是谁应当跟踪这些问题？是谁来保护政府资助的企事业单位？大概是政府中的某些人，但作者并没有说清楚到底是谁。）

---

[1] 出自马萨诸塞大学多纳休学院经济与公共政策研究所（UMass Donahue Institute for Economic and Public Policy Research）2014年3月发表的文章《评估奥运：波士顿2024年奥运会影响力、机遇和风险问题的前期经济分析》（*Assessing the Olympics: Preliminary Economic Analysis of a Boston 2024 Games Impacts, Opportunities and Risks*）。参见http://wobs.co/WWBolympics。

2024年波士顿奥运会的运营支出**估计**（are estimated）可以为奥运会举办当年创造近34 000个直接岗位。（是谁做出的估计？我们知道是这份报告的撰写人做出的估计。在使用"预期"或"估计"这类词语时，要尤其谨慎，因为除非读者知道文章谈论的是谁人的预期，又是谁人的估计，否则这些词语就是毫无意义的。）

奥运会之后，奥林匹克运动馆的场地和奥林匹克大道可以**被进一步开发**（could be developed）成700万平方英尺的混合使用的住宅空间与商业空间。（谁将规划这些地方？除非有人愿意实实在在地进行固定资产投资建设，否则这一节的内容就无从谈起。）

迄今为止，利用保险保护奥运会的主办城市，以防成本超支问题的做法还**没有广泛地被采用**（has not been used）。（在这一例子中，"谁来做这事"这一问题的答案是"没有人"。这种语言表达会使读者对文本丧失信心。）

（当地奥林匹克委员会）的收入来源**无法被用于**（cannot be used）建设一个地区的永久性或遗产项目。与奥运会相关的永久性建设的资金将通过其他资金筹集渠道**支付**（would be paid for）。（预算问题和被动语态是最为糟糕的搭配。如果你需要花钱，你就得知道花的钱到底应该从哪儿出。）

提高察觉被动语态的意识

你之所以会不自觉地写出被动句，是因为你读过太多充斥着被动句的文章。学术论文、新闻报道，以及几乎所有网文都流行使用被动语态。由于使用被动语态可在作者和读者之间创造一定的距离，因此看起来多少显得世故练达。无论是有意识地还是无意识地，你自然就选择了这种表达方式。然而，不幸的是，被动语态在给作者与读者之间创造距离的同时，也造成了某些表意不清。

在WOBS写作调查中，有32%的商务写作者承认在他们所阅读的材料中，被动语态的过度运用是经常遇到的一个问题。同时，25%的人则承认被动语态的过度运用是他们自己写作时经常存在的一个问题。

及时察觉自己滥用被动语态最简单的办法，就是在进行段落编辑和语句校对时，把即将完成的文章草稿交给一位优秀的编辑。请这位编辑为你画出所有的被动句。

我曾经帮一位分析师编辑文章，这位分析师丝毫没有意识到他使用被动语态的这一习惯糟糕到何种程度。当我在他的草稿上标记出前两处被动语态后，我给他写下了这样的意见："你每写一句被动句，我就会要求你删一句被动句。"在那份文稿的剩余部分，我每标出一句被动句，就会在旁边写一个"删"字。5页纸的文件中，需要删掉的被动句多达30处。从那次以后，他就开始对写作时无意识地运用被动语态变得相当敏感了。

即使你自己不亲自删掉这些被动句，当你从编辑那儿拿回文稿后，你也会发现被动句纷纷被删除，对此你可能会感到极为沮丧。没关系，这种负面感觉是增强意识阶段的自然反应。经过这一阶段，你会更容易接受后面的过程。

如果你不认识这样的优秀编辑，请注意，微软Word也会为你标注出被动句，就像Grammarly等在线工具一样。可以通过寻找带有动词的过去式（实际上是过去分词）的"to be"结构，从而发现很多被动语态。即便是这样，我认为，如果能有一位现实世界中的编辑在这个过程中对你加以训练引导，将会更有帮助。

重新考虑你的习惯

一旦你开始对过去的做法心生反感，请认真审视一下自己所写的被动句。为什么你会写这些句子？你当时试图隐藏什么？致使你写这些被动句的原因往往不尽相同。思考以下这些例子和相应的原因（被动结构以黑体字表示）。

在克莱顿·克里斯坦森（Clayton Christensen）具有开创性意义的著作《创新者的窘境》（*The Innovator's Dilemma*）一书中，为何大公司总是在创造性方面表现出懒惰这一谜题**被安放进**（was placed into）一种理论框架中。[1]［作者习惯性地用学术语言进行写作。（案例来源于一本关于互联网的书。）］

今天，白皮书已经**被公认为**（is considered to be）一种标准化的市场营销工具。[2]［作者没能或不愿意展示研究过程来支撑这一模糊、缺乏论证的论点。（案例来自网页。）］

---

[1] 引自乔纳森·齐特林（Jonathan Zittrain）所著的《互联网的未来以及如何停下脚步》（*The Future of the Internet and How to Stop It*），耶鲁大学出版社，2008年，第83页。参见http://wobs.co/WWBzittrain。

[2] 引自安贾娜·斯里坎斯（Anjana Srikanth）2002年9月在《互联网写作月报》（*The Internet Writing Journal*）上发表的文章《高效商务写作：白皮书》（*Effective Business Writing: The White Paper*）。参见http://wobs.co/WWBsrikanth。

医疗保健正按照以人为中心的理念和方式**转型**（is being transformed）为送医上门、服务到家的模式，而且正逐渐发展为通过社区和家庭医疗服务站提供医疗保健服务。[①]［作者显然不愿谈及究竟是谁的工作改变了医疗保健方式，也不愿谈及是谁提供此类服务。（案例来自一份政府报告。）］

尽管很多被动语句仅仅是由作者懒散的写作习惯导致的，但事实上，畏惧也是导致被动语态滥用的一个原因。你既不愿意指出谁应对某事负责，也不愿受到读者的责备。如果你有勇气把这些句子用主动语态写出来，读者将会对你肃然起敬。

重写被动句

改写被动句听上去似乎很简单。首先检查动词。问问自己：是谁在改变？是谁安放的？是谁认为的？当回答了这些问题之后，把充当主语的人或实体代入，再把那句话重写一遍就行了。然而，有时这并不容易，从改写前面的案例中你就会发现，这其实颇有难度。

克莱顿·克里斯坦森在他具有开创性意义的著作《创新者的窘境》一书中创建了一种理论框架，用以解释为何大公司总是在创造性方面表现出懒惰这一谜题。

[①] 引自全国卫生信息技术协调员办公室2015年2月发布的报告《健康与照护相结合：全国协作共享计划》（*Connecting Health and Care for the Nation: A Shared Nationwide Interoperability Roadmap*）的摘要部分。参见http://wobs.co/WWBhealthcare。

白皮书是一种高效的市场营销工具，可以打通销售渠道，大大促进电子邮件形式的合同的签订。

我们正在经历一场医疗保健体制方面的转型。医疗保健服务的提供者逐渐把医疗和相关保健方面的服务，按照以人为中心的理念和方式送到社区医疗和家庭医疗服务机构。

重写文章中的被动句会让你认真思考自己要表达的到底是什么内容。这也许会要求你做一些额外研究去证明某个论证不足的观点。你可能需要重新思考整句话的内容。在深思熟虑之后，如果你觉得句子的谓语远比主语重要，那么你可能会决定保留被动句的形式。如果你决定保留它，请你一定要确保你是特意这么做的，而绝不只是因为你不想搞明白句中的施动者才用被动语态。

在主动语态的环境中重新训练你的大脑

如果你想把这些已经学到的好经验继续保持下去，那就请你在每次写作过程中的语句校对阶段检查一下被动句的使用情况。在文本中寻找is、are、could、have、has以及ought等标志性词语，问问自己包含这些词语的句子是否是被动句。这一过程会帮助你成为更出色的"被动句查找者"。只要重复训练，你就能够学会在写作中特别注意被动句的使用了。

另外，我还是建议你要时常和编辑或培训老师保持联系。他们会在你写作中出现失误的地方提醒你，并帮助你提高相应的能力，成为一名合格的被动句查找者。

第7章　替换不规范的行业术语

　　行业术语是相当有用的，它能够使作者看起来像某一领域的行家。然而，不幸的是，行业术语也会给读者增加很多困难。还记得时间铁律吗？你必须把读者的时间看得比自己的时间更加宝贵。行业术语起到的作用正好相反：使用术语的交流方式虽然方便了作者，但给读者造成了困难，这正说明你认为自己比读者更重要。

　　来看一个实例。这是大型技术公司甲骨文公司（Oracle）发表的一篇新闻报道的前半部分。这篇报道主要介绍了一种"商务智能"产品的新版本。[1]这篇报道的中心大意是帮助记者、分析人士，以及其他追求该公司产品的人深入了解这一新版本的特征价值。我把文章中出现的术语部分加

---

① 引自2015年11月12日在Oracle.com官网上发布的新闻《甲骨文公司商务智能12c助力企业运用迅捷式可视化分析实现数字化转型的飞越》（*Oracle Business Intelligence 12c Helps Organizations Boost Their Digital Transformation Through Agile Visual Analytics*）。参见http://wobs.co/WWBoracle。

粗，以突出显示。

甲骨文商务智能12c凭借**迅捷式可视化分析**助力您的企业一路领跑**数字化转型**

重大新品可实现无可比拟的产品视觉简洁度、**商务迅捷性**和**性能扩展性**

2015年11月12日，加州红木海岸

甲骨文公司今天宣布了甲骨文商务智能12c（BI 12c）产品的通用有效性能，该产品的设计目标是实现一种在**企业级分析平台**上完成一切数据的融合与可视化分析的全新体验。作为甲骨文公司分析类产品的支柱，商务智能12c可以让企业的使用者在办公室里或四处奔波忙碌时利用（leverage）一个单一的**整合一体化平台**实现自助服务、**可视化数据发现**，以及快速查找紧迫的商业问题的答案等功能。

时至今日，分析类产品使得相关企业在**商务迅捷性**和**企业规模**两者之间的选择上处于左右为难的境地：桌面化的解决方案具有**迅捷式可视化分析**功能，但仅限于处理用户管理的数据或部门内部的数据；传统的商务智能类的解决方案具备**性能扩展性**，可用于IT管理的所有数据，但在**迅捷的自助服务**和**时间价值**实现方面不得不有所折中。只有甲骨文商务智能12c这一现代化平台在这两方面均无妥协，兼具上述两种优势，既可使用户享受极佳的**可视化分析**功能，又具备**可监控仪表屏**，实现从人员数据、部门数据到企业集团数据等各个层次的分析任务。甲骨文商务智能12c引领技术发展最新水平（state of the art），**整合一体化平台**提供**自助服务式可视化分析**功能，创造超越想象的**用户体验**，实现**内存处理最优化**，展现嵌入式的先进分析水平和简洁化的管理模式。

即便进行最乐观的估计，这样的文章除了会让读者感到疑惑不解之外，根本起不到任何作用。最坏的情况则是，这种文章会使读者产生距离感，使他们失望甚至愤怒。

行业术语就像令人讨厌的霉菌，遍布我们所写文章的各个角落。事实上，使用这些术语写作的人往往是出于提高交流效率的目的，使用行业术语已成为他们的习惯，以至于他们根本发现不了其中存在的问题。比如，在WOBS写作调查中，有54%的商务作者表示在他们所读到的文章中，过度使用行业术语是经常出现的问题之一，然而仅有24%的人认为这一问题同样也出现在自己所写的文章中。

写作中滥用行业术语是如何发生的，我们又该如何克服它呢？

行业术语来源于内行人士的偏见

史蒂芬·平克在他的写作指南《文风之感》（*The Sense of Style*）一书中提到"知识的诅咒"（Curse of Knowledge）这种说法。[①]专业人士着手去写一个他非常了解的话题时常常出现这种情况。各行的专家由于长期沉浸在他们各自精通的领域中，以至于忘记了其实大多数读者在这方面往往是缺乏相关背景知识的。这就是甲骨文公司的那篇新闻报道的作者在写"迅捷式可视化分析"时那么自然而然的原因，无论那个短语实际是指

① 引自史蒂芬·平克所著的《文风之感：思想者对21世纪写作的指南》（*The Sense of Style: The Thinking Person's Guide to Writing in the 21st Century*），Viking出版集团，2014年，第57页。参见http://wobs.co/WWBpinker。

什么，反正就是甲骨文公司的市场营销人员和工程师们整天谈论的那个产品。

问题是当你在写作中使用行业术语时，实际效果是你把读者分为了两类人群。一类是内行人士群体，这些人和你一样了解那些特殊词语的真正含义。另一类人群则包括大多数客户，以及许多雇员。使用的行业术语越多，你就和大多数读者越疏远。你让这些读者觉得自己愚昧无知，因为他们确实对你所表达的术语一无所知，他们不懂你笔下的"秘密代码"。或许有些读者会努力搞清术语的内涵，但大多数人就会直接放弃阅读，也就意味着他们放弃弄清你努力想要传达的信息了。

有的人写作时喜欢囿于某个小圈子，然而许多读者处在圈子外，我将这一现象称为"内行人士的偏见"。许多作者之所以成为内行人士偏见的受害者，其原因往往如下：

· **苛求精准**。写作者往往更希望使用精准（但不常用）的语言，而不愿使用通俗却不大正式的专业名词（比如甲骨文公司案例中的"内存处理"）。

· **力图高效**。写作者都会寻求表达的捷径：专业术语常常是短短几个词就包含了各种复杂的概念（如"可视化数据发现"）。

· **公司环境的诱导**。如果公司老板围绕某一特定术语制订了战略规划，你当然就会不自觉地使用这一术语来显示你拥护老板的思路（如"商务迅捷性"）。

· **自命不凡**。高大上的词语似乎会令人印象深刻，即便表达很简单的意思，作者们也倾向于使用高级词语（如"技术发展最新水平"）。

写作中过度使用被动句仅仅是一种写作习惯，过度使用行业术语与之不同，纯粹是为了显示自己更加聪明。事实上，这一目的并不能达到。《没有接收到的信息》（*Message Not Received*）一书的作者菲尔·西蒙

（Phil Simon）提醒我们，正如阿尔伯特·爱因斯坦曾经所说："如果你不能用简单的方式解释清楚，那就说明你自己都没真正搞懂。"[1]如果你的文章在令人印象深刻之前能做到解释清楚，那么你的读者会感激不尽。

把行业术语用平实简单的语言重写一遍

首先要做的是改变你的态度。你是不是认为用直截了当的非正式语言进行写作就会让文风看上去过分简洁了？然而，事实恰好相反。我们来看一看两种不同表达方式的战略宣言。先来看一家医疗顾问公司的战略宣言：[2]

体系层面的竞争是**全球互联**和信息导向化社会中的一种新型战略模式。它是一种既融合了系统设计管理、**以生态系统为中心的商务战略**，又基于**复杂适应系统研究**的应用模式的战略创新方法。

接下来，对比一下谷歌公司的使命宣言。[3]

谷歌公司的使命就是组织并管理世界上的各种信息，使之能广泛地被普通大众获取并利用。

---

[1] 更多关于菲尔·西蒙的见解，请参考《没有接收到的信息：商务交流因何受阻以及如何避免》（*Message Not Received: Why Business Communication Is Broken and How to Fix It*）一书，威利出版集团，2015年。参见http://wobs.co/WWBsimon。

[2] 引自Bluespoon顾问公司网站"思想引领"页面，内容提取时间为2015年12月25日。参见http://wobs.co/WWBbluespoono。（该网站现已不存在。）

[3] 引自谷歌公司网站"关于谷歌"页面，内容提取时间为2016年2月15日。参见http://wobs.co/WWBgoogle。

谷歌公司的技术实力是十分雄厚的。谷歌不是一家哑巴公司，那里的员工都相当聪明。谷歌公司的创始人拉里·佩奇（Larry Page）和谢尔盖·布林（Sergey Brin）都相当明智，他们明白公司的使命宣言应当用平实的语言撰写，这样取得的效果会更好。他们没必要利用行业术语自吹自擂，你也一样。

一旦认识到这一点，你就可以放心地使用普通、平实的语言改写文章了。改写就是先看一看你原先写的内容，然后问一问自己："非特定人群的读者是否真的明白我写的内容？"如果回答是否定的，那就用人人都能懂的词语和概念将原来的文章重写一遍。在下面给出的一些例子中，黑体字部分为行业术语：

原文（选自一封关于美国医疗信息战略的电子邮件）：[①]

国家卫生、医疗、科研和公共事业服务等方面**信息供应链**的**关键基础设施**的支配管理工作必须有一家公开、透明、没有偏见、旨在促进公益事业的交易机构做担保。

改写：

我们将构建一个卫生数据共享框架。政府、医疗组织和研究机构

---

① 引自亨特·布莱尔（Hunt Blair）的《合作或失败：构建学习医疗体系的数字基础》（*Collaborate or Fail: Building the Digital Infrastructure of the Learning Health System*）中的第四部分"CODA：背景故事"，2015年6月14日。参见http://wobs.co/WWBcollaboration。

将共同参与建设。

原文（选自强生公司的职业描述）：

地区副总裁和企业客户将发展并经营一种**可持续战略关系**，这种关系可通过创造联合价值改变**目前的商业模式**，在具备**出口关键知识**、经验能力的同时，达到合作双方均能不断降低成本、**不断改进工艺**，使规模和经济效益不断壮大的目的。

改写：

你应当向企业核心客户展示与我方合作的效益，并分享你学到的经验。

没错，我的改写的确抛弃了很多内容，但要知道，文章越短小精悍越好。在文本中尽可能填充、加塞、充斥行业术语和概念的这种想法，其目的仅仅是进行自我炫耀，根本不是为了方便交流。在沟通中，最好使用简单的语言阐明实实在在的内容，而不要试图在文章中填塞各种概念，这样只会让你的交流走向失败。

为了写好没有行业术语的文章，先想象一下你的读者

为何非得重写，难道不能在一开始时就清楚明白地写文章吗？这是有技巧的。

在开始写作时，要尽量明白清晰地在你的脑海中将读者想象出来。对方是不是一个小企业主？还是一家发型工作室的店主？读者是不是一个用Java语言编程的工程师？读者是不是你们部门的所有客户服务代表？想象一下最普通的读者群，而不是那些你认为最聪明的读者，然后想一想如何向那些普通读者解释你想表达的内容，这样你才能真正进入正确的思维模式。

然后，把一些简单又直接的语言结合在一起，表达出你真正想说的内容。如果你是要和客户服务代表进行沟通，那么你的表达方式可能是这样的：

我公司一款新型软件的发布会将于本周末举行。

新产品发布无疑会吸引大量客户来电咨询。

你们需要在下周一上班前熟悉最新细节。

你们肯定将会面临压力，但我期望你们能够在工作效率和服务态度之间把握平衡。

如果你们接到电话或收到邮件被指产品存在较为普遍的问题，请及时报告，让我知情。

如果你一开始就采用这些直白又简单的表达方式，那你接下来在填充其余内容时，就可以把文章控制在一个准确的思维框架中了。

正确合理地使用行业术语

人们坚持使用行业术语其实也是可以理解的。无论什么行业、什么领域的工作，总有一些专业名词是不能不用的。律师们不得不谈及责任义务和赔偿问题，制造商们需要讨论业务外包，生物学家们需要谈及DNA。你也不可能完全不用这样有用的术语。

即便如此，由于专业术语、专业名词的迅猛增长，原本少数关键术语的有效运用已经演变成文本中遍布术语，如果不大刀阔斧地删减术语，文章就无法读下去。

因此，在什么情况下能够使用行业术语，请参考如下三条关键的经验法则：

（1）如果你所有的预期读者都明白其含义，那么你可以使用专业术语和名词。要意识到这样会把那些读不懂你所用术语的人排除在预期读者群体之外。如果一个销售顾问写下"RFP"，那么他必须保证他要沟通交流的对象中，绝大多数人都明白RFP是指"需求方案说明书"（request for proposal），这意味着读者可以通过术语理解你的文章。

（2）如果一个专有名词具有特定的、法律规定的含义，那就应先予以定义、解释，然后再使用。比如，"免责声明"（disclaimer）一词就具有特定的法律含义，在一些情况下具有强制性作用。

（3）如果你想在一份文件中通篇使用某一术语或名词，那么就在文件的最前面予以定义。根据这一原则，我在本章的开头就定义了"内行人士的偏见"这一术语。但是，要注意把这些"秘语"的数量控制在最少的范围内，如果你仅仅需要用一次某个首字母缩略词，为何还要多此一举加以定义呢？这种情况下，直接用一个简单的名词代替一下就可以了。

这就是经验法则。如果你使用的行业术语不在这三种例外情况中，那就直接用平实的语言替换掉吧。这样不仅会使你显得更聪明，你的读者也会觉得自己更聪明了。

第8章 消除模棱两可的词句

你应该把文章中绝大多数的修饰语都删掉，因为修饰语会让你的文章显得软弱无力，使观点显得不确定。

这句话是不是听起来毫无说服力？其实，我应该这样说：

模棱两可的词句——比如"非常"和"通常来说"这类修饰词——会有损文章的清晰明了和直白，虽然使用它们会让你这样的作者感觉稍好，但请你毫不留情地删掉这些词。

这种说法更为直接，也更为恰当。

在本章中，我将向读者详细介绍什么是模棱两可的词句，并展示它们对文章造成的严重影响。随后，我会告诉你，如何在不影响文章微妙之处的情况下，删掉那些模棱两可的表述。

为什么说模棱两可的词是问题

让我们从定义开始吧。

模棱两可的词是指表示数量或强度而又缺乏准确性的形容词、副词或名词。

从语法上来看，这些所谓的模棱两可的词通常都是修饰词或程度加强词。常见的模棱两可的词包括：多数、许多、少数、极少、数百万、廉价、无数。作者利用这些词对所写内容做出灵活而两可的概括，因此我将它们称为模棱两可的词，使用这种词语可以使文章内容既不具有可证性，也不具有可辩性。一旦能够敏感地辨认这些词，你就会发现这种词真可谓无处不在。

比如，VMware技术公司的首席执行官帕特·基辛格（Pat Gelsinger）在2015年给《华尔街日报》（*Wall Street Journal*）写了一篇文章。这里从文章中引用数段，内容是关于VMware公司如何为企业的首席信息官提供各方面的帮助（模棱两可的词在文中用黑体字表示）。[①]

　　尽管**有些**首席信息官仍然坚持一种"通宵工作，紧盯预算"的固有思维模式，但现在已经有**许多**首席信息官接受了自己作为服务提供者的角色，专注于建立IT服务业**迅速增长的**档案体系并提供相关保障。**还有一部分人**正在转型和成长为战略分析师和决策者——这一步非常合理，对转型的首席信息官而言，毕竟与最高执行官群体中的其他所有人相比，他们更熟悉相关技术……今天，互联网技术和云技术

---

① 引自帕特·基辛格2015年3月5日发表的文章《首席信息官重新定位角色，充实整合创新能力》（*CIOs Redefining Role to Fuel Integration, Innovation*）。参见http://wobs.co/WWBgelsinger。

可以为初创公司提供它们创建新型应用模式所需的所有基础设施，并能为这些公司提供可获取**数十亿潜在**客户的基本条件，而所有这一切只需要**很少的花费**……此外，**快速又实惠的**创新能力也是技术初创公司要关注的。**大多数**依赖传统商务模式的公司里**可能**已经出现**少量的激进的**开发者了。

这篇文章中的修饰词让读者感觉文章内容充实，然而事实上，文章什么也没说。到底有多少首席信息官已经认可了自己作为服务提供者的角色？到底有多少人转型并成长为战略分析师？他们到底能不能获取客户，还是说这仅仅是一种潜在的可能？所谓的"很少的花费"到底是多少？

如果一个单独出现的句子中含有"大多数""可能"以及"少量的"这些词，那么这句话就完全是废话。任何一个讲求实际的商务人士都不会根据这种信息做出决定。这种语句不仅使文章言之无物，也暴露出VMware公司的首席执行官是一个不会运用事实来支持自己观点的人。这要比不发表观点更糟。

即使是那些听上去强有力的词，如"迅速增长的"和"非常"等，事实上也是无力的表达。史蒂芬·平克在《文风之感》一书中指出："如果我想知道是谁偷了零钱，那么，'他是个诚实的人'这种回答要比'不是琼斯'这种话听起来更有把握……一旦加上了表示强度的副词，你的表达就从原来的'有或无'这种二分法转变为某种程度范围了。"[①]

既然修饰词会让作者看起来犹豫不决，为什么人们还会用修饰词呢？因为恐惧和懒惰。要是说"我敢说你公司里肯定有激进的发展派分子"，

---

① 引自史蒂芬·平克所著的《文风之感：思想者对21世纪写作的指南》，Viking出版集团，2014年，第45页。参见http://wobs.co/WWBpinker。

那就太直接、太大胆了。当然，你对自己的说法也拿不准。所以，你就回避了确切的表达，而说"可能大多数公司的员工群体中已经出现了少量的激进的开发者"。表达论点的方式越不肯定，回避责任的效果就越明显。但问题是，读者一眼就会看穿，我们知道你在避免正面作答。语句中的修饰词削弱了你所述论点的可靠性。

第1章中介绍过的资深作家埃丝特·申德勒写过数百篇颇有争议的文章。她说："你必须把文章中的感情全部拿掉。文章就是'只写事实'，懂吗？尤其是当你对自己不确定时，就把'我认为'和'在我看来'这类话直接拿掉。要以一种权威的口吻来表达一件事，这样别人才会认真回应你。永远别解释，也别道歉。"

作者使用模棱两可的词的另一个原因是图方便，因为要给出准确回答，就必须进行相关研究。写出"互联网技术和云技术可以让你以较低的成本拥有获取数十亿客户的潜在可能"这种不甚准确的句子是相当容易的。更加精确的表达则是："目前，世界上拥有30亿互联网用户。在一家典型的企业中，互联网技术和云技术的应用只需不到800万美元的资金投入，任何一家普通的《财富》1000强企业都能承担得起。"当然，为了这样表达，你必须研究一下互联网用户的准确数量和大公司使用互联网商务的平均花费。这就要耗时费力了。泛泛而谈总是较为容易的，而且你这么写，也没人会说什么。

作者不应该有所逃避，这也就是我将不确定的修饰词统统称为模棱两可的词的原因。希望你也能逐渐反感修饰词，尽量在你的文章中将它们消灭干净。

如何消除模棱两可的词

那些模棱两可的词句是怎样被你写进文章的呢？你想表述一个观点，但是，你很快就意识到自己并不确定这个观点是否完全正确。因此，你就在这句话中加进一个或三个模棱两可的词，这样你就会感到舒服一些，巧妙规避了可能担负的责任。

然而，你也可以采取另外一种方式。当你想写一句概括性的话时，尽你最大的努力大胆直说。删掉副词、无用的形容词，还有"数百万"和"许多"这类模糊的数量词。把这些概括性的表达统统替换成你能想到的最大胆、最鲜明的表述，替换成准确的数字，或者替换成有针对性的具体内容。不要告诉读者"很多人"干了什么，要告诉读者到底是"谁"干了什么。

举个例子。如下段落节选自美国联合航空公司新任首席执行官（前任因深陷丑闻而被迫离职）奥斯卡·穆诺茨（Oscar Munoz）致频飞乘客的一封信。

我很高兴能有这样一次难以置信的机会，我们联合航空公司的团队改善了空中旅行体验，这不仅将对全球商务活力起到至关重要的作用，同时也将对数百万人的个人生活产生重大影响。

"难以置信的"和"数百万"这两个词是典型的模棱两可的词，"至关重要"和"重大"同样也表意模糊。这段话完全就是企业惯用的废话。如果重写此段，只要把所有模棱两可的词都删掉，或者替换成实际数字就可以了。

　　我很高兴借此良机改善了你们的空中旅行体验。我知道美国联合航空公司的服务关乎全球商务和个人旅行，仅去年你们选择我公司的航班出行的次数就达1.4亿次。

　　（"1.4亿次"这一数据直接来源于联合航空公司网站的在线资料清单，而且我仅花15秒就找到了这一数字。[①]）

　　还有一例选自美国总统候选人伯尼·桑德斯（Bernie Sanders）的个人官方网站上的一段文字，内容是关于"黑人的命也是命"（Black Lives Matter）黑人人权运动的。[②]

　　越来越多的社区群体不再信任警察，执法官员开始变得不再与他们曾发誓保护的群体紧密相连。

　　这一表述并没有真正把问题量化，"越来越多的"是一种典型的政治概括性表述。但是，在这句话中，具体数字毕竟不是那么重要。因此，关于这些社区问题，完全可以用一种诚实的态度重新表达。

　　在人们不再信任警察的那些社区里，执法官员和他们曾发誓保护的群体之间缺少联系。

　　最后，请记住，写文章千万不可以用模棱两可的词句去回应他人量化

[①]　我是在联合航空公司网站新闻页面的"公司信息页"中找到这一数据的，内容提取时间为2016年2月15日。参见http://wobs.co/WWBunited。
[②]　引自伯尼2016年个人官方网站的文章《议题：种族平等》（*Issues: Racial Justice*），内容提取时间为2016年2月15日。参见http://wobs.co/WWBsanders。

表达的观点。2015年，视频制造商汉克·格林（Hank Green）写的一篇博客文章流传很广（有3281条评论），他在文中指控脸书在对上传到该平台上的视频的观点进行分析报告时存在说谎、欺骗等情形。格林的博文旁征博引了很多数据。而脸书的产品经理马特·帕克斯（Matt Pakes）回应格林时辩解说，脸书仅是统计站点上的原创视频，并将其与其他网站的链接视频做比较，但马特的回复根本没有引用任何数据。这里从马特的回应文章中选取两句典型的表述：①

> 人们倾向于不与非原创视频互动，而平台上这类帖子的参与度也不高。从趋势上看，具有自动播放功能的原创视频能够获得更高的参与度、更多的浏览时间和更高的访问量。

如果脸书想要保证回应文字的可信度，就必须分享其掌握的统计数据，而不是说"从趋势上看"某事"倾向于"怎么样。如果帕克斯能以下面这种方式进行回应，将更加有效：

> 人们与非原创视频的互动量比原创视频少15%，人们对这类帖子点赞和分享的数量也比正常情况少20%。在选择不同形式观看相同的视频内容的情况下，超过40%的用户会选择带有自动播放功能的原创视频帖，他们的平均观看时间超过30秒。

（上述数据是我编造的，帕克斯可以使用准确的数据进行上述

---

① 引自马特·帕克斯对汉克·格林2015年8月3日在medium.com网站上发表的《窃贼、谎言与脸书视频》（*Theft, Lies, and Facebook Video*）一文的回应文章。参见 http://wobs.co/WWBpakes。

表达。）

最后，一个不可避免的问题就是：你是不是必须删除所有模棱两可的词呢？答案是否定的。如果需要做比较，就必须使用"少于"或"多于"。如果要给一种爆炸物定性或贴标签，肯定还是应该将其标注为"极其不稳定"。但正如我所反对的其他坏习惯一样，我希望你能培养一种对模棱两可的词句的敏感性，这样你就会注意它们，然后尽可能地在写作中加以避免。

如何不利用模棱两可的词句达到避免担责的目的

人们总是利用模棱两可的词句来达到避免担责的目的。假设你说"大多数用户感到满意"，这样一旦有一位顾客感到不满找上门来，你就可以不慌不忙地告诉他，你已经提醒过人们了，是"大多数"满意而已。

这种做法往往达不到避免担责的目的，读者一定会看穿你的把戏（并把责任归到你身上）。无论你用什么词巧妙地排除了特例，比如"普遍"或者"对大多数人而言"，抑或是其他什么你惯用的模棱两可的词，读者都会看清你的真实目的。

其实，排除特例的表达是有基本原则可循的：

·如果你对概括性的表达方式没有信心，即如果你的概括性表达很有可能是不准确的，那么就别用概括性表达。

·如果特例很少而且不值一提，那就请大胆摒弃模棱两可的词而采用直截了当的陈述句来表达。在这种情况下，无论在表达中是否指出那种"极少"出现的例外情况，读者都不会向你追责，因此你可以大胆地进行写作。

·如果例外情况十分重要，必须引起注意，那么就要清楚地写出来。（"不计收入超过50万美元的投资者，我公司投资者续资率高达95%。"）

·尽可能使用数据把概括性语言量化地表达出来，以便证明你的概括是准确而真实的。

总结起来，滥用被动语态、行业术语以及模棱两可的词都有损写作质量

在以上三章内容中，我已经指出了三种在写作中可能同时出现的坏习惯，即滥用被动语态、行业术语以及模棱两可的词。它们都是文章中废话的明显标志，作者利用它们规避自己可能要承担的责任。这三种坏习惯都会使文章晦涩难懂，因此也就会导致文章的意义比例降低。同时，它们也都会浪费读者的时间，因此也就违背了写作的时间铁律。这三种坏习惯很难纠正，然而，当你开始留意它们时，你就离高效写作这一目标不远了。

如果你想用清晰明白的文风换掉原来那种拖泥带水的笔法，就从改掉这三个使自己显得懒散又露怯的坏习惯开始吧。删掉在文章中占90%的这三类废话，剩余部分就会变得生动明了、清晰突出。这不就是你所期待的行文风格吗？

第9章　务求直接

或许阅读本书已经使你感到不适了，原因可能就是它行文直白。

我很清楚我要让你做什么。在读到这些内容的时候，你会意识到自己可以做出选择。你可以决定是否根据我的建议去改变你的写作方式，但千万别指望只要简单地点个头、说句"嗯"，就能改变文风，提高写作水平。

我在本书中一直使用人称代词"你"和"我"。我是给出建议，而不是描述情况。如果我从属于某一组织，可能也会习惯于用"我们"，这一代词的使用其实反映了写作中需要注意的直接的问题。

商务文章的写作需要在作者和读者之间建立直接联系，以突显重要性。使用"你""我"以及"我们"这类人称代词就能起到这种联系作用。一个简单的人称代词的变化，就会使你仔细想清楚将要表达什么。

用第二人称"你"进行写作，在脑海中想象你的读者

在第6章中，我曾教大家通过想象读者的方法来删改被动语态。接下来要做的就是用人称代词"你"直接写下要对读者说的话。

使用第二人称"你"之前，必须先明确你的写作对象是谁。如果你都不知道写作对象是谁，不知道你的文章到底想让他们干什么，那为何还要费尽心思去写那篇文章呢？因此，先要明确写作对象到底是你的老板、销售部门的全体同事，还是你的所有客户，然后才能做好一切准备，开门见山、直截了当地写文章。

你要把这种直接的称呼方式举一反三地加以运用，在文章中直接使用"你的老板""你的承担额度"，或是其他任何使用所有格形式的表达。

在命令句中，往往会隐去"你"这一称呼。比如，当我说"删掉那些模棱两可的词"时，你心里很明白我是对谁说这话的：就是你。

总告诉别人应该做什么多少会有点令人难堪。如果你的文章是要描述一种情况，是否也要用第二人称呢？可能你写的文章是"千禧一代是如何与社交媒体相联系的"，或是"本季度我公司销售额增长15%"。要知道，倘若写这类文章时，不进行某些必要的分析或给出相关建议（比如"让我们在社交媒体租金方面进行投资吧"，或"我们应当确保新的产品团队获得适当的信任"），那么这类文章将毫无意义。文章中要是没有出现"你"这个字眼，就肯定无法给出建议。要是文章中根本没有建议，读者就会问："既然如此，为什么我还要浪费时间去读你写的文章呢？"

如果文章的阅读对象是你所在公司内部的人，则还有一些微妙的细节需要注意。当你的文章是写给下级时，最合适的表达方式就是直截了当（比如"这就是你应该做的"）。当你写给同事或上级时，就必须以一种尊敬的方式表达你的建议（比如"根据我的研究结果，兹将我认为可能是

您/我们最佳的行动方案陈述如下"）。即便你的文章是写给那些位高权重的人看的，也别害怕给出建议。如果员工提交的信息报告中没有写明信息的重要性，那么收到报告的经理肯定会大失所望。要是你的老板不需要采取行动，那你为何还要写报告去打扰他呢？

至于那些出于沟通目的才写给客户或其他商业伙伴的文件，你就更得在交流文字中使用"你"了。比如，可以这样写："你应当在下次下雪之前扩大您的保险覆盖范围"或"你应该考虑进行不动产投资"等。另外，你还可以使用命令句，比如"现在就开始存钱吧"。

要注意，在脑海中想象你的读者这一步骤应当在你开始写作之前完成。我将在第13章向你详细介绍如何想象你的读者。

克服写作中对"我"字的畏惧

写作老师可能曾经告诉过你别在写作中用"我"字做主语。这是因为不成熟的初级写手总会在文章结尾处反复使用"我想"和"我认为"这类表述，从而使文章看上去像个人陈述。大学里的写作训练要求你对读到的材料加以分析，而并不要求你进行评价，因为材料都是一些专家看法。这就是"我"字在学术写作中不宜出现的主要原因。

而在商务场合，情况恰恰相反。无论你写什么，都要反映你的诚实态度和你自己的评价。你应当为自己的文字承担责任。在这种情况下，没有主语"我"的语句就显得十分无力了。典型的被动语态回避了"我"，但也使作者逃避了责任。

你更乐意听到哪种观点？是"我认为我们已经准备好选择供应商了"，还是"现在有一家供应商可供选择"呢？

在我的WOBS写作调查中，虽然有49%的商务作者抱怨他们经常读到的文本因为不够直接而缺乏高效性，但只有8%的人抱怨商务写作不够正式。大多数人（至少是大多数男性）在工作中都会趋向于摆脱束缚。现在，是时候拥抱人称代词了。

我在第3章中提到，在直言不讳地写作的问题上，女性比男性更容易被人指责吹毛求疵。而有趣的是，调查中发现，在行文直白这个问题上，女性和男性都认为自己做得不够好——36%的受访女性反映了自己在写作中存在不够直白的问题，男性的比例则是38%。对女性而言，在交流中表现得更为大胆，或者在写作中学着使用"我"和"你"这类词都是一件容易做到的事情。

注意，你的建议如果不妥当，就应当受到读者的指责。所以，为什么不用"我"来表达，勇敢地承担责任呢？

在写作中勇于用"我们"，以示自己是团队中的一员

有时候，你是代表一个团队发声的。举个例子，你可能是在为一家公司发言："我们将确保在一天之内回复您的一切服务要求。"或者为你的合著者发声："我们已经分析了消费者的相关数据，我们认为将价格提高20%可以使市场变得更为开放。"如果你不能用"我"这个称谓的话，那就用"我们"好了。

然而，要注意避免"我们"一词指代不清的问题。当你写下"我们对诉诸法律的行为感到不适"这句话时，你到底是在为谁发声呢？是一个委员会？还是一个部门？除非你已经让读者明白了你代为发声的团队具体是什么，否则不要轻易用"我们"来表达观点，那样会使你的文章听起来像

皇室发言稿（比如"我们认为你的报价方案是可接受的，是的，我们同意与贵方合作"）。

如何用人称代词重写你的文章，以使其更加直白

在你用这些人称代词完善文章之前，先写下你的读者是谁（即文中的"你们"是谁）和你为谁发声（即文中的"我们"是谁）。然后，仔细把直白的表达找出来，即把那些关于发生了什么或者应该怎么样的语句找出来。把那些语句按照"'我'或'我们'认为'你/你们'应该做什么"这样的模式重写一遍。或者直接用祈使句告诉读者应该怎么做。

如何在实践中运用这个方法呢？我接下来要展示的例子充满了废话，因此将极大地浪费读者的时间。要知道，这绝非巧合，当你没搞明白到底写作的主体是谁，写作的对象又是谁的时候，你就会无意识地写下各种废话。要想清理写作中的废话，清楚地回答上述问题就是做出改变的第一步，首先搞清写作的主体和对象。

举个例子，这是Avaya公司网站上"公司概述"的一部分内容：[1]

Avaya公司是公认的创新型公司，是为客户和团队任务提供方案的引领行业的全球供应商。本公司提供各方面的相关技术，相关领域包括统一的通信与合作、联络中心和客户体验管理、计算机联网设计，以及向大型企业、中型市场企业、小企业和全球各政府组

---

[1] 引自Avaya公司网站的"公司概述"页面，内容提取时间为2016年2月15日。参见 http://wobs.co/WWBavaya。

织提供的相关服务。Avaya参与式解决方案（Avaya Engagement Solutions）凭借"以正确的文本，在正确的时间向用户提供正确的信息"这一优势把人们联系在一起，可以帮助客户、团队、雇员和合作方达到更高水平的参与度，以提高效率并快速应对重大商业挑战。由于设计初衷就是实现高度的可扩展性、可靠性、安全性及可变性，因此这些解决方案能够帮助企业削减开支并简化管理，同时还能为下一代的商业参与和协作提供新平台。

这段话明显带有滥用行业术语和模棱两可的词（"公认的""引领行业的"）的毛病。但是，你完全可以通过直接使用"你"和"我们"这种称呼来解决这些问题。在本例中，"你"是指客户，而"我们"则是指公司。Avaya公司需要解决他们到底具体为顾客做些什么的问题，然后尽量简洁地写出来。因此，将该例重写以后，就是如下这样：

在Avaya公司，我们向所有规模的商业单位和政府部门提供通信和网络技术服务。我们会更加高效地组建团队并增进合作。我们的解决方案将帮你削减开支，助你简化管理。

注意到第一句话是如何明确定义"我们"（即Avaya公司），如何明确"你"（即"所有规模的商业单位和政府部门"）指代的对象了吗？之后再去描述"我们"会为"你"提供什么服务就容易多了。

再看另一个例子。这个例子选自第7章提到的强生公司的一份职业描述：

成功的候选人将成为关键领导和顾客倡议员，与强生公司各部门的战略客户、销售领导紧密合作，促进战略客户项目的执行；与客户管理执行官和全公司的各销售领导沟通、对接，以匹配并实现更高质量的服务和业务价值；确保客户解决方案可通过临床和经济服务项目得以协调实施；并改善对参与协作的直接销售人员与相关资源的管理工作。这些候选人将为公司做出积极贡献，带来驱动商务模式的积极转变，在新环境下开辟创新道路，同时也会为公司客户模式的发展做出贡献，这种企业客户模式的进步将改变强生公司在市场上的运营方式。此外，这些候选人还将负责领导公司的跨部门协作，并对合同的高效和创造性落地进行问责。

同样，这段叙述也是废话连篇。但是，你可以按照上面的办法，问一问候选人（即"你们"）到底要为公司（即"我们"）做些什么，这样就可以把这些废话统统清理干净了。

　　你们将和销售部门的人员一起协调我们的资源，以确保我们能向客户兑现我们的许诺以及应当协调的事务。你们将利用你们所学的技能，为强生公司的不同部门开辟新的合作途径，以使我们能共同努力为客户服务。

有些人也许会认为这些描述是很正式的文体，不应当使用人称代词。但是，如果妨碍了沟通效果，那么即便文体再正式，也不能达到目的。谷歌公司和Avaya公司、强生公司一样，都是结构复杂的巨头集团，看看谷歌公司是怎样简洁地描述他们的首要目标的吧。①

---

① 引自谷歌公司网站"我们坚持的十大宗旨"页面，内容提取时间为2016年2月15日。参见http://wobs.co/WWBphilosophy。

聚焦用户为第一要务，其他所有均排在其后。从创立之初，我们就一直聚焦于尽可能为客户提供最好的用户体验。无论我们是设计一款新的互联网浏览器窗口，还是一个新的转到首页的按钮，我们都非常谨慎用心，以确保这些设计均能为你服务，而不是考虑我们的内部目标或底线如何。我们的首页界面清晰简洁，页面加载迅速。搜索结果的排序从不向任何人出售，而且所做广告不仅清楚如实地展示，而且仅限于和搜索内容相关，不会导致用户注意力分散。当我们打造新的工具和相关应用时，我们相信这些新推出的产品能够起到应有的作用，你根本不必考虑这些产品还会按照其他不同的方案进行设计。

谷歌公司很骄傲地谈论"我们"能为"你"做什么。你也可以这样做。如果你真这样做了，自然就会脱颖而出。

第10章　合理使用数据

言辞会说谎，数字绝不会。

一般而言，数字是准确的、可靠的，具有说服力，除非数字本身就不对。

来看一看贝尔纳黛特·麦克梅纳明（Bernadette McMenamin）的例子，她是澳大利亚Child Wise组织的首席执行官，致力于保护儿童，以使他们免受性剥削。[1]2008年，她在《澳大利亚人》（*Australian*）报上发表的一篇文章中有这样一段话：[2]

---

[1]　关于这个例子，我要感谢卡尔·比亚里克（Carl Bialik）。该例节选自卡尔·比亚里克2005年4月22日在《华尔街日报》上发表的文章《有些早已过时的数据仍未退出舞台》（*Retirement Is Long Overdue for Some Aging Statistics*）。参见http://wobs.co/WWBbialik。

[2]　引自贝尔纳黛特·麦克梅纳明2008年1月8日发表在《澳大利亚人》上的文章《我们需要用过滤程序对抗儿童色情产品》（*Filters Needed to Battle Child Porn*）。参见http://wobs.co/WWBmcmenamin。

儿童色情业是发展非常迅猛的在线商务之一，该产业每年将近产生30亿美元（34.3亿澳元）的产值。据估计，有近10万个商业网站提供儿童色情内容，而且每周都有超过2万张儿童色情内容的图片被上传到互联网上。

近10万个儿童色情网站这一数据是令人震惊的。但是，这个数据真实吗？现在，你已经知道要对以"据估计"这类字眼打头的被动句时刻保持怀疑态度了。因此，我们就要问，这个数据到底是谁估计的？

儿童色情网站的估计数据曾出现在美国失踪和受剥削儿童保护中心（National Center for Missing and Exploited Children）2005年发布的一份报告中。该报告的这一数据来源明显参考了加拿大皇家骑警（Royal Canadian Mounted Police，RCMP）前一年发布的数据。加拿大皇家骑警的这一数据则又是来源于美国海关与边境保护局（US Customs and Border Protection）。（显然，《北美自由贸易协定》使这一可疑数据不受任何阻碍地自由穿越了美加边境。）2000年，美国海关总署前任官员凯文·德利–科利（Kevin Delli-Colli）把这一估计数据提供给了《基督教科学箴言报》（*Christian Science Monitor*）的一位记者。那么，这名官员又是从何处得到这一估计数据的呢？天晓得。

作为父母，我和所有人一样痛恨儿童色情产业。事实上，我对儿童色情的憎恶程度比凯文·德利–科利、美国海关与边境保护局、加拿大皇家骑警、美国失踪和受剥削儿童保护中心以及贝尔纳黛特·麦克梅纳明更深。难道因为痛恨儿童色情业，我就能说存在10万个儿童色情网站吗？那样，我们就要付出更多努力，才能尽量杜绝儿童色情现象。

我的意思其实就是：写文章不能编造数据。

互联网上充斥着各种编造的数据。卡尔·比亚里克花了九年时间专门研究这一现象，甚至还在《华尔街日报》上开设"数字人"专栏。像"10万个儿童色情网站"这样的数据在网络上急剧增多，而且出现时从来不注明来源，这种现象是卡尔的主要研究对象。他说："对很多作者而言，他们的动机就是要找一个数字来使事件本身最引人注目。"他们不在乎数字是否真的准确。

读者都明白编造数据会造成问题。在参与WOBS写作调查的500余名商务写作专家中，有24%的人指出他们所读材料之所以缺乏有效性，就是因为缺少数据或数据使用不当。尽管对这一问题抱怨的人数少于对写作篇幅过长或文章结构组织混乱进行抱怨的人数，但仍有很多人在写作中存在数据使用方面的问题。

千万不要随手找个数据来应付。天晓得你编的数据是从哪儿来的。

在本章中，我将向你展示如何有依据地在文中准确而恰当地使用数据。

提供上下文语境才能让数字有意义

2015年9月1日，道琼斯工业平均指数（Dow Jones Industrial Average）下跌了470点。

这到底有多严重？如果没有比较，这一数字就毫无意义。

当天，开始时道琼斯指数为16 528点，结束时这个指数为16 058点。这就意味着一天之内，道琼斯指数下跌2.84%。如果之前你在道琼斯指数基金中投资了1000美元，那么9月1日那天你就损失了28.4美元。损失了一顿大餐尽管让人感到不快，但这点损失也不至于让你破产。

从历史的视角看，道琼斯指数在2015年年初到当年年底全部的下跌日中，9月1日这次下跌的严重程度排在第19位。比起7年前，也就是相对2008年9月29日道琼斯指数下跌778点而言，这次下跌还不算严重。2008年的那次下跌预示着经济大萧条的开始。

但是，就这次指数下跌对你的投资产生的影响而言，下跌百分比才真正重要，下跌的点数并不重要。1987年10月19日"黑色星期一"那天，道琼斯工业平均指数一天下跌508点，下跌点数之大堪比我上面提到的2015年9月1日那天的下跌情况。但是，1987年的那次下跌意味着一天之内工业指数价值蒸发了23%，而这就会让经济崩溃了。（我永远不会忘记那一天，我自己控股的一家公司本来准备秋天就要上市，但是"黑色星期一"之后，上市的目标就再不可能实现了。）

事实上，如果将2015年9月1日470点的下跌幅度换算成日下跌比例的话，甚至还排不进前20个严重的下跌日。如果道琼斯指数下跌470点你就惊慌失措了，那可能只是两周内另一次严重下跌的预演，还有更多的惊慌时刻将随之而来呢。

这样说明一下，我们就有了上下文背景了。如果没有上下文语境，470点就仅仅是个数字。那样的话，470也就和任何一个数字都没有区别了。

不要在毫无比较的情况下引用数字，这样会使读者失去做出判断的必要信息。他们对此的回应将是"啊？"，然后仍然一头雾水。他们肯定搞不懂数字的内涵。使用没有上下文语境的数字完全就是在浪费读者的时间，这违背了时间铁律。

我在此再举几个缺失上下文背景的例子。先来看看高德纳（Gartner）咨询公司的这份预测报告吧。

　　例如，我们预测2016年在新兴物联网（IoT）硬件上的花销将超过每分钟250万美元。这一数字实在让人大吃一惊。与我们预测的2021年的数据相比，这个数字又相形见绌了。我们预测，到2021年，每小时购买并安装的物联网设备将达到100万台。[①]

　　文章中使用这种根本说明不了问题的数据还算好的。在物联网硬件上的开销与在其他项目硬件上的开销相比是怎样的，与其他设备安装相比又如何呢？上述数据到底是比我们现在所要花费的开销大100倍呢，还是2倍？

　　再来看一看ReelSEO.com网站上的流视频报告。

　　根据最新的（尼尔森公司）全体观众报告（Total Audience Report），在线流视频的观看者数量正在不断增加，本月的增长速度达到惊人的60%/月，而电视观众的人数则下降了大约4%。[②]

　　增长率是一个常见的容易引起歧义的数据。对两个比例数据不能轻易加以比较。在没有基数的情况下，任何一个百分比数据都很难令人理解其

① 引自2015年10月2日发布的《高德纳报告》（*Gartner Report*）中达里尔·C. 普卢默（Daryl C. Plummer）等撰写的文章《2016年及往后最新数据预测：未来是数字时代》（*Top Strategic Predictions for 2016 and Beyond: The Future Is a Digital Thing*）。该文可从高德纳的账号（http://wobs.co/WWBgartner）上获取。
② 引自2014年12月9日发布的《ReelSEO：视频市场营销人员指南》（*ReelSEO: The Video Marketer's Guide*）中安迪·史密斯（Andy Smith）撰写的报告《在线流视频增长60%，电视观众人数有所下降，但尚未淘汰》（*Online Video Streaming Up 60%, TV Consumption Down but Not Out*）。参见http://wobs.co/WWBreel。

含义，而在本例中，根本没有提及流视频的观众基数到底是多少。另外，电视观众的人数是每月下降4%吗？我对此表示非常怀疑。

在新闻报道中尤其要小心谨慎。HD Vest公司有一篇关于其新推出的VestVision软件的新闻报道，这里从中节选一个段落，该公司的主要业务是提供金融财政顾问服务。[①]

> 从2014年8月创建以来，HD Vest公司及其金融财政顾问已经使用VestVision软件为客户制订了近8000份投资计划。2015年，平均每个月就有44名顾问利用VestVision软件制订投资计划。

8000份投资计划这个数字是不是很多？每个月44份计划这个数字是不是令人印象十分深刻？事实上，HD Vest公司在做这份介绍时，已经拥有4600名投资顾问。现在我们就知道了，他们每个月只有1%的顾问制订新的投资计划。深刻的印象一下就大打折扣了。

如果你不想使读者在读到数据时感到疑惑，那么在添加数据的上下文背景时，请遵循下面这些规则：

· **要时刻注意把数据与读者熟悉的数据做比较。**比如，《每日电讯报》（*Telegraph*）写道，英国人每年在圣诞节礼物上平均花费800英镑，这一数字与他们每月的收入相比如何呢，或者与他们每月在生活物资上的总开

---

① 引自2015年12月3日Market Wired上的新闻报道《HD Vest公司和Wealthcare Capital公司拓展合作领域，共同发布下一代基于目标的投资理财规划软件》（*HD Vest and Wealthcare Capital Extend Collaboration with Launch of Next Generation Goals-Based Investing and Financial Planning Software*）。参见http://wobs.co/WWBvest。

销相比如何呢？[①]

· **告诉读者历史数据，作为比较背景。**你所引用的数据是怎么变化的？比如，你要是在报告中写你们公司现在拥有25万客户，那你就得告诉读者去年同一时期你们有多少客户。

· **没给出基数时，就别写增长率。**我当分析师时，供应商总是跟我说"去年我们的营业收入增长了200%"之类的话。这种话毫无意义；如果你去年的收入是100美元，那么你今年的收入就是300美元，这并不惊人。除非你同时引用了增长率和基数，否则，没有上下文背景的数字就会缺乏可信度。

用案例说明因果关系

美国在科学技术上的投入日益增长。1999年，美国在科技方面投入的资金是180亿美元；2009年，这一数据上升至300亿美元。

有些人觉得在科学事业上的过度开销让人沮丧，或许他们认为如此令人沮丧，真应该上吊算了。1999年时，5000名美国人上吊自杀。2009年，随着科学开销的增加，上吊自杀的人数上升到近9000人。

在图10-1中，你能看到这两组数据的走势多么接近。两组数据的相关系数约为99%。[②]

---

① 引自联合社（Press Association）2015年12月8日发表在《每日电讯报》上的报道《英国家庭在圣诞节平均花费800英镑》（*Average British Family to Spend £800 on Christmas*）。参见http:// wobs.co/WWBtelegraph。

② 引自泰勒·维根（Tyler Vigen）所著的《伪造联系》（*Spurious Correlations*），阿歇特出版集团（Hachette），2015年，第48~49页。参见http://wobs.co/WWBvigen。

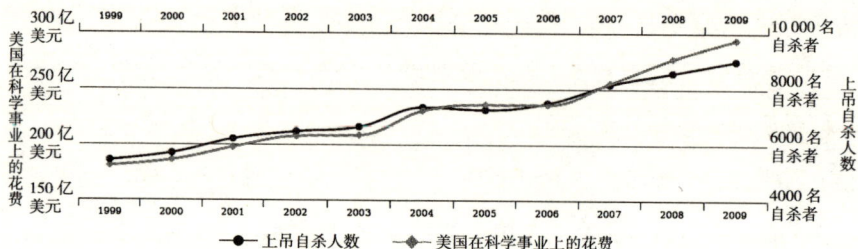

资料来源：泰勒·维根制图，来源于其所著《伪造联系》一书，引图经原作者许可

图10-1 科研开销与上吊人数之间貌似极具关联性

到底是什么把这两个变量联系在一起的呢？

事实上，二者根本毫无关联。这只是巧合。但是，人们喜欢关联模式，因此，即使根本不存在因果联系，我们也会把它们看作有联系的。

无论是出于疏忽还是出于偏见，作者们经常会犯这样的错误。比如，哪个党派对美国经济更有利：民主党还是共和党？《福布斯》上榜人士亚当·哈通（Adam Hartung）说，肯定是民主党对美国经济更有利，因为民主党总统执政期间，个人可支配收入增长了将近六倍。[①]另外，《经济学人》也解释说："相比共和党，民主党总统执政时期似乎无可挑剔——克林顿执政时，技术部门开始迅猛发展，而乔治·W.布什离开白宫时，却留下了金融危机。"[②]

将某个党派执政与经济领域里的现象关联起来，真可谓乱拉关系。国会和总统对经济的影响远小于国际油价、中东战争、欧元区的稳定与否，

---

① 引自亚当·哈通2012年10月10日在《福布斯》上发表的文章《想要更好的经济吗？历史告诉我们请投给民主党》（*Want A Better Economy? History Says Vote Democrat!*）。参见http://wobs.co/WWBhartung。

② 引自2014年8月9日发表在《经济学人》上的文章《把握住时机就掌握了一切》（*Timing Is Everything*）。参见http://wobs.co/WWBeconomist。

以及美联储（Federal Reserve）的动作对经济的影响程度。当然，这并不能阻止党派写手们罗列证据，生拉硬扯，制造联系。因此，你对读到的这类材料要时刻保持怀疑态度。

同样，当写作涉及因果关系时，你要留心自己所写的内容。

销售额为什么下降？可能是你改变了销售模式。还有可能是出现了一个新的竞争者，经济形势发生改变，或者还有可能是技术破坏等原因。还有可能是IT高手黑进了你的网页，把"购买"按钮改成了错误的颜色。直接说"我们改变了销售模式，因此销售额随之下降了"是很容易的，但是要知道，同时发生的事情并不总是互为因果关系的。（难道我们应该将上吊自杀人数上升的原因归于对科学技术方面投入的增加吗？）

在写作时，如何负责任地给出因果关系，我有如下几条建议：

· 陈述你的案例。读者首先需要知道你的观点（以及潜在的偏见）。

· 引用你的数据，包括上下文背景。

· 引用支撑性论据。

· 对相互矛盾的解释给出评价。

· 解释如何对你的结论进行验证。

· 解释你的发现具有什么意义。

这里给出一个可能出现在电子邮件中的案例，供大家参考。

收件人：管理团队

回　复：我们新的销售模式导致销售额下降

各位同事，我得出的结论是：我们新的销售模式妨碍了销售效率。

事实是：过去3个月里，我们旗舰产品的销售额下降了15%，从400万美元下降到340万美元。我仔细研究了原因。我和10位销售人员谈过话，他们都表示新的销售模式增加了耗费时间的步骤，挤占了销售时间。

我认定销售模式是造成销售额下降的根源因素，原因如下：在过去3个月的时间里，经济总量增长了1.0%，正如大家所知道的，我们的销售额基本追随经济增长的幅度。工业销售额总量增长了2.0%，而我们的同期销售额却在下降。我们的竞争企业在没有推出新产品或进行价格调整的情况下，就获得了更多的市场份额。我们的第二主打产品FastTrack没有采用和旗舰产品一样的新的销售模式，并没有遭遇与旗舰产品相似的销售额下降的情况。

我预测上个月采用新的销售模式的其他3种产品也将出现同样的销售额下降的情况。

如果我的结论正确，我们需要立即对新的销售模式进行改进。我建议，我们在下次管理会议上组建一个工作组，由它来对新的销售模式进行修正。

在精确度方面要精益求精

根据美联社的报道，2015年泰国一份样本人数为2700人的政府调查报告显示"98.9%的受访者对政府的表现表示满意，并对政府充满信任"。[①]这个数据精确得相当古怪。

---

① 引自纳塔苏达·阿努颂纳迪萨（Nattasuda Anusonadisai）2015年12月23日在雅虎新闻网上发表的文章《泰国军政府称99%的民众对军政府的统治表示满意》（*Thai Junta Says 99 Percent of People Are Happy with Its Rule*）。参见http://wobs.co/WWBthai。

这份调查应有2%的误差范围。我们已经知道大约每100个泰国人中就有一人足够勇敢，即使是对军人政府，也敢表示不满。那么，报道中这将近0.1%的数据肯定就是编造的了，因为这样的精确度不符合实际。

反过来，也会出现同样的问题。比如，当你读到国内生产总值正在以每年2%的增速增长时，就应该知道这个精确度有问题，即使是美国商务部，也要谨慎地将这个数据记为2.0%。那个小数点后的0在这种情况下是有意义的，2.0%的增速表示国内生产总值的增长率低于2.1%，高于1.9%。[①]

你在商务交流写作中千万别犯这种错误。因为电子制表工具或商务信息系统告诉你，技术支持团队上个月解决了所接到的27 615通来电中的75.33%的问题，并不意味着你真的需要在引用该数据时达到四位数的精确度。其实，用75%就可以了，可以用75%这个数字来和其他数据做比较。你引用的数据应当和原始资料的数据保持一样的精确度，在本例中，原文是两位数的精确度的可能性远比四位数的可能性大。

关于如何在商务写作中处理数据精确度方面的问题，可以参考如下建议：

· **不要给出超过三位有效数字的数据**。在商务阅读中，75.33%或75.33亿这类数据的末位数字毫无意义，除非你是科学家，要计量电子或者其他需要精确度的东西，否则不要超过三位有效数字。（例外：股票指数和股价这种可以精确记录的数据不在此列。）

· **不要给出超过你明确所知的位数的数字**。如果一份调查有3%的误

---

① 引自马丁·克鲁青格（Martin Crutsinger）2015年12月22日发表在《圣何塞水星报》（*San Jose Mercury News*）上的文章《美国经济夏季增长两个百分点，经济有望好转》（*U.S. Economy Grew at 2 Percent Rate over Summer; A Pickup Is Seen*）。参见http://wobs.co/WWBeconomy。

差范围，那么你给出的百分比数据精确到个位数就行了，而不要精确到十分位：记为75%就是真实数据，记为75.3%反而是编造的了。如果你从其他数据中计算出结果，那么你计算结果的精确位数不应当比你输入数据的精确位数还多。比如，你已知共有2300万客户为财政收入贡献共计14.2亿美元，那么在计算客户平均贡献值时，即使你的电子数据表中生成的结果是人均61.739美元，你也应当记为62美元。

·**正确引用百分比表示的增长率**。简单测试一下，如果公司的市场渗透率为10.7%，即所有潜在购买公司产品的客户人数所占的百分比为10.7%，去年这一数据为9.7%，那么，该公司的市场渗透率增长率是百分之多少？有两个答案是正确的。"渗透率增长了1.0个百分点"这样的表述是正确的（10.7-9.7=1.0）。"渗透率按10%的速度增长"这种表述同样正确（1.0/9.7=10%，保留两位有效数字）。但是，"我们将增长率提高了1%"这种表述就是错误的，因为比例之间的比较不能用增长率比较。

和偏见做斗争

2015年11月23日，Breitbart新闻网站报道称，希拉里·克林顿将在与共和党的总统候选人提名争夺战中败北。[①]福克斯新闻频道（Fox News）一份对1016名注册投票者的统计显示，唐纳德·特朗普将以46%对41%的

---

① 引自迈克·弗林（Mike Flynn）2015年11月23日在Breitbart网站上发表的文章《民调：希拉里·克林顿将败北》（*Poll: Hillary Clinton Losing to Everybody*）。参见 http://wobs.co/WWBbreitbart。

支持率击败希拉里·克林顿。[①]

数周之后，Alternet网报道说，昆尼皮亚克大学一份对1453名注册投票者的民调显示，希拉里将在投票中击败共和党的任何对手，并将最终以47%对41%的支持率击败特朗普，赢得大选。[②]

难道是两周之内，希拉里的民意支持率猛升了吗？肯定不是这样的。事实上，昆尼皮亚克大学的民调在数周前给出的调查结果同样与福克斯新闻频道的统计结果显示的民调趋势完全相反。

Breitbart新闻网是一个保守党的博客，福克斯新闻频道也是保守党的媒体，他们肯定会强调有利于保守党的新闻。Alternet网则喜欢报道改革论者的新闻。

偏见是怎样影响民意调查的呢？福克斯新闻频道的民调问卷在询问受访对象对参选双方的支持倾向之前，首先询问了他们对奥巴马的支持率，然后又问："在不久的将来，伊斯兰恐怖分子将发起对美国本土的恐怖袭击。对此，你持什么态度？"此类问题很容易改变民调中的投票者的态度。

媒体中存在潜在偏见早就不是新闻了。但是，偏见将如何影响企业之间的交流呢？

企业之间最为有害的偏见形式是确认偏见（confirmation bias）。埃默里大学（Emory University）的心理学家斯科特·利林菲尔德（Scott Lilienfeld）在接受《华尔街日报》采访时曾说："从心理上而言，我们都

---

① 引自2015年11月20日Fox News上的文章《福克斯新闻民调：2016年大选，叙利亚难民》（*Fox News Poll: 2016 Matchups; Syrian Refugees*）。参见http://wobs.co/WWBfoxnews。

② 引自珍妮特·阿隆（Janet Allon）2015年12月2日发表在Alternet网上的文章《最新民调：桑德斯击败所有共和党对手——对，也包括特朗普》（*Latest Poll: Sanders Handily Trounces All Top Republicans—Yeah, Including Trump*）。参见http://wobs.co/WWBalternet。

是懒惰的……我们会更轻易地把注意力集中在支持我们假设的数据上，而不会努力找出可能使我们的假设受到质疑的证据。"①在商界，这条规律得到了无数次验证，人们总是对某事或某一战略先构建起他们认为正确的直觉看法，然后再搜集数据，证明他们的观点。

我并不是建议你不要事先抱有观点、看法，正如本书其他部分也提到的一样，你必须拥有观点，然后才能脱颖而出。但是，在涉及写作中的数据时，你必须意识到这些数据到底是从哪儿来的，并且这些数据对文章的内容起到何种作用。所有的研究都有偏见，所有的数据搜集也都必然有缺陷。你可以引用它们，但你千万别相信支持你理论的数据都是正确的，也别相信任何与你理论相左的数据都是偶然、意外。

如何测试自己有没有过分偏激呢？一个好办法就是去和那些令你尊敬，却与你持不同意见的人做朋友。他们会对你进行各种反驳，提出针锋相对的观点，给出和你的思考方式不同的统计数据。这样做有助于你客观地获取数据。而且，谁知道呢，也许某些情况下你也会改变自己原先的看法。

仔细了解得出数据的统计方法

在"伟大的圣路易斯联合之路"（The United Way of Greater Saint Louis）网站上的一篇文章中，作者这样问道："你们知道中产阶级家庭的孩子在读一年级之前平均已经拥有1000小时的阅读量了，而低收入家庭

---

① 引自詹森·茨威格（Jason Zweig）2016年11月19日发表在《华尔街日报》上的文章《如何无视你心中的遵命先生》（*How to Ignore the Yes-Man in Your Head*）。参见 http://wobs.co/WWBconfirmation。

的孩子在入学前平均只有25个小时的阅读量吗？"①

这个数据真的很惊人。事实是这样的吗？另外，这些数字到底是从哪儿来的？

正如卡尔·比亚里克指出的那样，这一数据是一个典型的数据滥用的例子。②比亚里克追溯这一数据的来源，一直追到玛丽莲·雅格·亚当斯（Marilyn Jager Adams）于1990年出版的书籍《开始阅读：关于印刷的思考和研究》（*Beginning to Read: Thinking and Learning About Print*）。低收入家庭的孩子入学前的阅读量仅有25个小时？这个数字来自一项对22个低收入家庭的调查研究。而中产阶级家庭的孩子1000小时的阅读量这一数据又是从哪里来的呢？这一数据的样本竟然仅有一人：作者本人的儿子。

这真是害人不浅的误导性数据统计啊！谈到统计方法，请注意，以下四点将会使相关数据变得可疑，甚至毫无意义。上述例子就涉及了以下四点：

（1）**有没有数据来源可查？** 就"伟大的圣路易斯联合之路"而言，其引用的数据是无据可查的。除非有人能够证明这一统计数据，否则这种数据毫无效力。没有来源的统计数据就像毒藤一样，在网络上到处蔓延。

（2）**如果数据有来源，那么其统计方法合理吗？** 合理的研究会运用统计显著性（statistical significance）、随机抽样（random sampling）和对照组比较等专业概念。该例中的数据统计不具备这些特点，其"统计方法"是经不住检验的。

（3）**样本容量（sample size）是什么样的？** 样本容量决定了研究中

---

① 引自安吉拉·马里诺（Angela Marino）2011年3月2日发表在"伟大的圣路易斯联合之路"网站上的文章《提倡阅读》（*Celebrate Reading*）。参见http://wobs.co/WWBreads。

② 引自卡尔·比亚里克2007年6月15日发表在《华尔街日报》上的文章《似乎存在，但如何具体量化阅读方面的阶层差距》（*It Seems to Exist, But How to Measure Class Gap in Reading?*）。参见http://wobs.co/WWBabuse。

一个数据是否具有不确定性。一个以22个家庭作为统计样本的研究数据是很值得怀疑的。而以一个儿童作为样本，尤其是样本中的孩子竟然是研究者本人的儿子，无论出于哪种对比目的，都是毫无意义的。

（4）数据是最新的吗？ 亚当斯在1990年报告了她的研究发现，"伟大的圣路易斯联合之路"竟然在21年之后的2011年还引用该数据。统计数据是有有效期限的。如果我要研究智能手机的使用情况，任何9个月以前的资料都是过时的数据。关于儿童的阅读情况的统计数据可能会比手机数据更新得慢一些，但你肯定不能用1990年的统计数据来反映今天的实际情况。

如果你引用的统计数据存在上述四个问题之一，那么你在使用数据方面就还不够格。

为了正确地引用数据，切记要记录数据的来源和日期，如果是研究成果，还要确保自己清楚统计的样本容量情况。如果你的读者基本是在线阅读的，那么最好在引用时附上链接，以便你的读者可以查看数据来源。

以下是出自《华盛顿邮报》（*Washington Post*）的一个正确引用数据的案例。

中产阶级的股票收入在过去45年中急剧下跌［根据皮尤研究中心（Pew Research Center）近期发布的一份研究报告］。1970年，中产阶级家庭的股票收入在总收入中所占的比例为62%；到了2014年，这一比例仅为43%。同时，高收入家庭成员持有的股份从29%上升到49%，使得中产阶级持有股份的比例更加相形见绌。[1]

---

[1] 引自丹·鲍尔茨（Dan Balz）2015年12月12日发表在《华盛顿邮报》上的文章《在中产阶级的衰落中追踪报道特朗普的崛起》（*Charting Trump's Rise Through the Decline of the Middle Class*）。参见http://wobs.co/WWBtrump。

这篇文章引用的是口碑良好的非营利研究公司皮尤研究中心在其新鲜出炉的研究报告中给出的数据，这些数据是基于美国劳动统计局（US Bureau of Labor Statistics）对55 000个家庭所做的调查给出的。由于它是基于大样本的数据统计，因此得出的百分比结果是可信的。通过不同阶级之间和不同时间之间的比较，作者向读者全方位展示了数据的上下文背景，使数据具有了应有的意义。

关于数据的最后几句交代

在本书中，我曾经说过要尽量避免使用"非常"和"许多"这类模棱两可的词，在可能的情况下，最好用数据替换它们。现在，我又要告诉你的是，千万要小心使用数据，仔细查询数据的来源、精确度、含义、背景，以及统计方法。

你大概会觉得自己有可能搞不定。事实上，你可以搞定这一切。只要多做点额外的工作，就可以了。

做商业决策是一件非常艰难的事情。你可以用令人信任的支撑数据进行必要的交流沟通，为商业决策贡献力量。一个值得信任的员工报告的数据也是值得相信的；反过来，如果一个员工报告的数据难以令人信服，那么他自身也难免受到怀疑。

人人都不想在引用数据前还得好好检查一遍。但无论如何，请务必要这样做。你的诚实与否和此习惯是息息相关的。检查一下你的数据吧，要知道，没有废话的写作取决于没有废话的数据。

第11章　显示出文章结构

在商务实践中，散文式的写作实在是糟糕透顶。

我已经告诉你们了，文章要尽量写得短一点，把最重要的内容放在前面，删掉没用的文字，用人称代词直接和读者对话。现在，该考虑如何将词句整合起来表达意思了。

随着读者一段一段地往下读，他们的阅读兴趣在不知不觉地减少。段落越多，读者就越有可能不会读完你所写的全部内容。

除非文章很短，否则如果一篇文章中段落整齐一致，就会令读者望而生畏，尤其是在智能手机那样的小屏幕上阅读时，就更是如此。任何值得阅读的内容以及任何长度超过300个单词的文章都有某种内在结构。如果你能向读者展示出这种结构，就会给读者一些阅读提示。他们就能知道接下来会看到什么，这样就有趣多了。

因此，你需要用标题、项目符号、列表、表格、图表、引用和链接将你的文本组织起来。

即使是在短篇文件中，也要摆脱对段落的固有观念

还记得你在大学写的那些论文吗？那些论文都是由很多段落组成的。可能有一些段落你加上了标题，但也不是必不可少的。至于你在高中所写的那些五段式命题作文，则无疑是分段的。

你读到的报纸文章和杂志文章也是分段的。

但是，请记住，你既不是在为《时尚先生》（*Esquire*）撰稿，也不是在向你的大学教授交作业。你是在对一个没什么耐心的商界读者写文章。你只能依靠你文章的内容和表达的意思，而不是通过文学修辞来给他们留下深刻印象。如果你能混合运用使人轻松浏览的要素来展示你的文章结构，充实你的文章内容，那么你的文章就更容易给读者留下深刻印象。

如果你看过研究报告，你就会了解这类信息密集型的文章怎样才能高效地表达意思。但我要你注意这些，不是为了教你去写研究报告或者长篇文件的。

如果是发给同事的长度在250个单词左右的电子邮件，你就可以用项目符号来分条表述。在市场营销邮件中，你可以用图表加以描述。在博客文章中，你可以加上段落小标题。就算是在脸书的帖文中，你也可以加上一张图表。

现代化工具可以使你十分容易地在文章中插入这些内容，而这些内容都会让你的文章增色不少。你可不是一个维多利亚时代的小说家。所以，别再只用文字写文章了，别再像用羽毛笔写卷轴似的写文章了。真正的作者不是仅仅敲出单词就行了，他们还要把其他很多能够引起读者兴趣和能够突出重点的东西一起融合进他们的文章。

这一切归根到底还是要遵循时间铁律：把读者的时间看得比自己的时

间更加宝贵。要使读者看到文章结构时，就自然而然地明白你的文章是值得他们花时间阅读的。让读者轻松找到阅读方向也是你作为作者的职责所在。

利用标题、项目符号和列表来使文本内容有序展开

写作的所有文本总是会有一个开头、一个中间部分以及一个结尾。记住，要把你的写作内容分成充实的段落，并用小标题来使这些段落便于查找。在段落内部，可以用列表的方式增加更多的文本结构。

我们来看一看客户体验专家奥吉·雷（Augie Ray）的博客。2015年8月，他写了一篇关于市场销售人员对社交媒体的误用的博文，这篇文章长达3300个单词，产生了很大争议。[①]你可以从他博文的标题和三个小标题中看出整篇文章的结构：

抛弃习惯，重新开始构建有效的社交媒体战略

用数据摧毁社交媒体营销神话

用数据建立社交媒体战略

正确使用社交媒体

这篇文章的结构在每一个二级标题下还有细分。第一部分是一个营销

---

① 引自奥吉·雷2015年8月21日发表在《经验：博客》（*Experience: The Blog*）上的博文《抛弃习惯，重新开始构建有效的社交媒体战略》（*Burn It Down, Start from Scratch and Build a Social Media Strategy That Works*）。参见http://wobs.co/WWBray。

神话的列表。在第三个二级标题下，奥吉·雷还运用了项目符号和首句加粗的方式来列出较好地利用社交媒体的步骤。

正确使用社交媒体

大多数公司目前使用社交媒体的方式都是错误的，甚至从一开始就已经一错到底了。走向成功的关键就是赶紧停止目前通过社交媒体战略推行的一切工作，并从头开始，重新构建社交计划。

· **首先，创建并衡量口碑营销（WOM，Word of Mouth）的新定义**。如果一个人是基于他的实际用户体验来推荐你的品牌，这当然是最好的；如果一位用户在你品牌名下的一张照片上点击了"心形"按钮……（我将此条目的剩余部分略去了。）

· **把你的社交媒体积分卡立即扔掉**。无论重新聚焦哪一方面的社交活动，第一步要做的都是改变衡量方法。别再用那些不能产生商业效益的方法来奖励你的员工或下属机构去积极参与社交营销了，开始采用真正有效的衡量方法吧——在客户忠诚度（认可度）、积极权威的口碑、购买渠道、质量导向的采购，以及客户满意度方面做出改变。

（以下还有五个类似的列举项目。）

你可以非常容易地快速浏览这篇博文，然后直接把注意力集中到你感兴趣的那一部分。文章中的小标题和加粗显示的条目使这篇文章读起来有一种类似检索目录的效果。

请把以下这些组织文章结构的技巧用到你自己的写作中：

· **插入小标题，将其作为阅读文章的指示标志**。你的文章会有一种很自然的顺序，比如：先明确问题，再逐条分析，最后提出建议。写作时，为文章的每一部分拟一个概括性的标题。如有必要，把文本重写一遍，以明确段落之间的分界。即使是在一封电子邮件或一篇脸书的帖文中，你也可以用全部大写的方式创建段落小标题，比如ALTERNATIVES（选择）和RECOMMENDATION（建议）。

·**最多不能超过两级标题。**只有律师、立法者以及手册编写者才会使用"A.3.1.b"这种标题级别。对我们而言，写作时，应尽量坚持将文章结构控制在一级标题以内，分段一次即可。如果段落太长或者你想进一步做二级划分，就要使用二级标题和二级段落。（比如，在本书中，某些章节只有一级标题，而某些章节还有二级标题。）

·**列表能使读者轻松定位阅读目标。**任何时候，只要你需要比较或者描述三件事乃至更多件事，请使用项目符号列表。如果内容有顺序性，就用数字罗列。训练自己将每一项开头的句子、短语或单词加粗表示，作为指示标志。列表现在已经在读者可以接触到的所有非小说类写作中被普遍使用了，从新闻报道到微软使用说明书，列表无处不在。阅读时，注意寻找"首先"和"另一方面"这类词，将它们看作段落开始的提示，这样你就能在写作中顺利地运用列表了。

使用图表表达意思

戴维·阿尔马诺（David Armano）是爱德曼（Edelman）国际公关公司全球战略主任。他是一位活跃的博主，善于利用图表表达他的意思。比如，2014年10月，他在博客上发表了一篇题为《社会性：现代品牌构建的第三维度》（*Societal: The Third Dimension of Modern Day Brand Building*）

的文章，一开头就展示了一张引人注目的图表（见图11-1）。[1]

　　戴维·阿尔马诺就是用图表结构来思考问题的，各种想法和各类图片在他脑海里聚到一起。他解释说："就像消费内容变得越来越可视化一样，图表的作用早就超越了简单描绘文字内容；图表成了人们是否真的会停下手中的事情来关注文字内容的决定性因素了。图表不仅可以抓住人们的注意力，而且能起到推动读者分享这篇文章的作用。可视化的图表从未像今天这样在一篇文章中扮演如此重要的角色。"

　　如果你正努力想要厘清复杂的思路，理顺难以连贯的词句，或者如果要表述的内容太多，那么就直接画一张图表吧。在白板上来一场头脑风暴。如果你愿意，可以请一个善于绘制图表的人来帮你。但实际上，你的图表化的思维形式并不需要多么复杂。通常简单的维恩图（Venn diagram）、流线图，或者带有箭头的方块图就能很好地解决问题。比如，有一次，我向某人解释想要成为优秀的写作者，必须经过练习、体验和编辑三个过程，我就画了一张图来加以说明（见图11-2）。[2]

　　这张图和文字一样简单易懂，但更直切重点。

　　除了此类图解方法，你还可以在文章中运用诸如流程图、柱状图和饼状图等图表形式。（注意运用上一章给出的测试方法，以确保你给出的这些数据不是废话。）你可以轻而易举地用微软PowerPoint这类工具画出图表，再精细一点的图表可以使用Adobe Illustrator绘制，或者还可以雇一名设计师来专门设计文本中的图表，这样可以使那些图表看上去非常

---

[1] 引自戴维·阿尔马诺2014年10月26日在《逻辑+表情》（*Logic+Emotion*）上发表的文章《社会性：现代品牌构建的第三维度》。参见http://wobs.co/WWBarmano。

[2] 引自乔希·贝诺夫（Josh Bernoff）2015年6月1日发表在"不写废话"（Without Bullshit）网站上的文章《成为好作者的唯一途径》（*The Only Way to Become a Better Writer*）。参见http://wobs.co/WWBpractice。

棒。［我希望我能写本书来阐述如何不说废话地运用图表，但这本书已经
讲了：爱德华·塔夫特（Edward Tufte）的《定量信息的视觉展示》（*The
Visual Display of Quantitative Information*）。[1]］

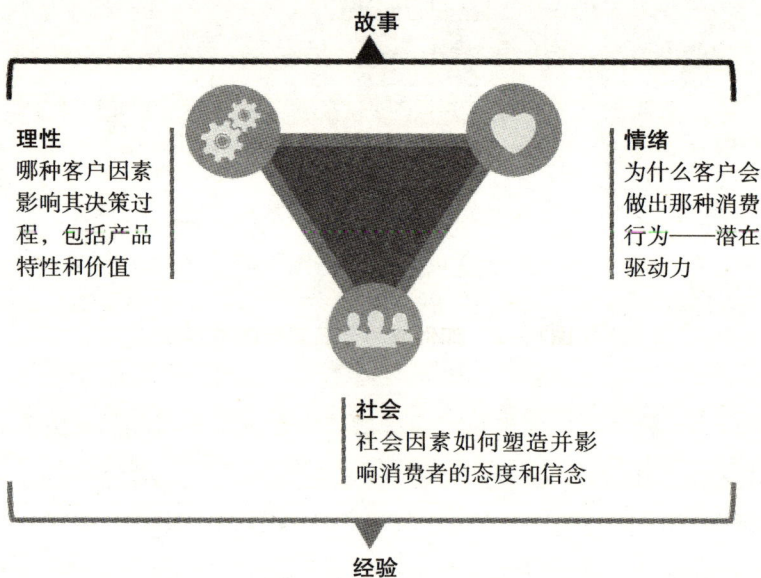

图11-1　戴维·阿尔马诺在一篇关于品牌构建的博文中用到的图表

---

[1] 爱德华·塔夫特所著的《定量信息的视觉展示》，图表出版社（Graphics Press），
2001年。参见http://wobs.co/WWBtufte。

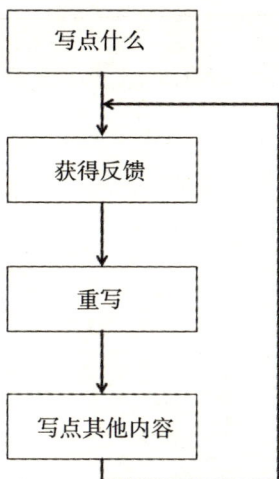

图11-2　如何成为一名更好的写作者

一旦制作完成，图表就会因其具有较大的灵活性而为你带来各种好处。你可以将图表粘贴到电子邮件中，插在网页或博客文章中，把它们附在推文或者脸书帖子后面，也可以将它们用在文献或报告中。但是，无论你怎么使用图表，都请记住以下三点：

（1）图表和文本是两条平行推进的表达文章意思的途径。任何文献中的文本和图表都应当协调一致，共同发挥作用。你可以利用图表来展示用文本很难解释清楚的内容，尽管如此，文章中的文本部分仍然承载了需要表达的含义。

（2）图表要尽量简洁。复杂的图表会和复杂的叙述一样影响读者的效率。正如戴维·阿尔马诺所说的那样："读者'了解'我重点表达的内容的时间不应该超过几秒钟，所以我在制作图表时，不仅要花时间明确图表中呈现的思想观点，还要花时间用简单的形式表现出来，好使图表利于读者消化。"

（3）图表可以跳出载体的限制，自由出现在网络上。无论你写的是关于什么内容的文本，总会有人标记、收藏或者分享你的图表。这是件好事，能增加你文章的影响力。但是，你要确保在图表中注明版权人，或者注明你的网址和图表来源，因为无论你愿意与否，你的图表都可能被人从你的文件中引用出去，然后传遍公司，甚至传到网络上。

利用好信息密度高的表格

表格能够像图表一样让文本的信息脱颖而出，还能像列表一样让你结构清晰地展现所要表达的内容。表格能在很小的空间里传递很多信息。你只要记住别太得意忘形，把所有数据都填在一张表格中就行了。

10多行的数据表格往往能比柱状图传达更多精确的信息。如果再加上第二栏，那你就能创建新的图表，以便进行进一步的深入分析和研究了。

表格不仅可以是数据表格，也可以是简单的文字表格，文字表格能清晰地概括你所写的内容。比如，我曾写了一篇关于写作的博客文章，其中包含一张文字表格，就被网友转载了数千次（见表11-1）。[①]

如果你准备使用表格，我有一个忠告。制表是一件相当痛苦的事情。就图表而言，在填充不同的文本信息时，只要保持图表的完整性就可以了。与图表不同，用微软的Word软件自带的表格工具制成的表格在粘贴到网页中时，并不会自动保持间距大小和样式比例。你没有必要浪费时间去调整表格。做好表格以后，直接对表格进行屏幕截图，把截图的表格作

---

① 引自乔希·贝诺夫2015年5月4日发表在"不写废话"网站上的文章《10条写作建议及其背后的心理学原理》（*10 Top Writing Tips and the Psychology Behind Them*）。参见http://wobs.co/WWBwriting。

为图表插入不同的文本中就行了。（但遗憾的是，这种以截图形式插入的表格无法进行文本搜索。）

表11-1　10条写作建议及其背后的心理学原理

建议	为什么重要	你为什么失败	如何改进
写短点	读者没有耐心	你总是不断地写；写要比编辑容易	删掉多余文本
缩短语句	长句使读者迷惑	你根据写作的内容不断添加想法	将长句划分为短句
重写被动句	被动句隐藏了真实意义	你对自己所写的内容没有把握	将施动者作为句子的主语
删除模棱两可的词	模棱两可的词使陈述拖泥带水	明白地说明观点让你担心	删掉模棱两可的词；如果不能，则删掉那个句子
用清楚的表达替换专业术语	专业术语使读者感觉自己很傻	你认为使用专业术语显得自己精于此道	替换成简单的语言
有效引用数据	支撑你的观点	你认为任何数据都可以增加可信度	引用数据时，要有上下文背景和数据统计来源
使用"我""我们"和"你"	代词使读者产生代入感	你担心文章显得不够正式	想象一下读者，直接对着他/她写
将关键观点提前	大胆的陈述会引起注意	你觉得需要先"热热身"	写出大胆的开头语；每一稿都重写一遍开头
引用案例	没有案例的文本很无趣	你太忙了，以至于没有时间做研究	制订好计划，将一半的写作时间用于调查研究
给读者一些指引标志	读者希望知道接下来的内容是什么	你担心文章显得过于迂腐	在开始陈述主题后，解释一下接下来会写什么

资料来源：withoutbullshit.com

插入引用和链接，提高文章的可信度

表格、图表、标题和列表能够把文本隔断，使文章结构清晰可见。但是，为了提高你所写内容的可信和权威性，你还可以使用引用和链接。

即使是在段落里面，被引用的文字也会被突出地显示出来。在文献、博客文章中，甚至是在电子邮件中，引用材料也会让文本更加吸引读者的注意力。我在本书中也一直在使用这一技巧，其实在本章一开始，我就引用了奥吉·雷的博客材料。

尽管我们知道读者现在都是在线阅读材料了，但我们有时仍然会忘记链接的用处。链接可以让你在任何形式的写作中引用和参考来源于网络的任何材料，它可以是一封电子邮件、一个网页，也可以是一份PDF文件。使用链接是博主的第二天性，同样也应该是你需要掌握的一项重要技能。

在大多数权威的写作系统中，从谷歌文档（Google Docs）到微软的Word，再到WordPress博客平台，你可以选中一段文本，按住Ctrl+K键，然后再将一个从网页上方的地址栏里复制出来的网址粘贴进去，这样就轻松完成了插入链接的步骤。你可以链接一则新闻报道、一篇博客文章、一家竞争企业的产品介绍、一份政府报告、一份内部网的文件、一篇推文、一篇脸书上的帖子、一个谷歌搜索结果、一段视频，甚至可以插入一个地图链接。只要是网上有的，你都可以在你的文章中插入。

在网页和博客帖文中，你甚至可以插入推特和视频。[①]对，去这样干吧。这不仅会使你的文章内容更有意义，还会使页面更加有趣。

---

① 关于如何插入推特的技巧，请参见http://wobs.co/WWBtweet。关于如何插入YouTube视频的技巧，请参见http://wobs.co/WWByoutube。

写作的精神内核

从第3章到第11章，我已经跟大家分享了关于抛开废话好好写作的主要原则。我希望你能够看出这些内容是如何联系并契合在一起的。如果你能按照我在本书中所写的要求去做，你最终就能写出既紧凑、清晰、直接、引人入胜，又易于浏览、导读的好文章。

正如电影《黑客帝国》（*The Matrix*）中莫菲斯（Morpheus）对尼奥（Neo）所说的那样，"知道路怎么走和走好这条路之间还是有区别的"。这就是我们还写不好文章的原因。我并不是仅仅让你们知道为何这样写效果会好，而是首先让你们体会为什么不能按那种方法去写。下一步就是坚持按照正确的方法写作，为此，你必须进一步努力才行。你不仅必须改变你的写作内容，还要改变你的写作方式。

少说废话

第三部分
改变你的写作方式

第12章　早点感到压力

本书写到这里，我已经集中探讨了你应该写些什么。现在，你敲击键盘写任何材料时，都会发现自己已经养成了很多新习惯，无论是写邮件还是写博客文章，你都会下意识地遵守那些新习惯。坚持按照我教你的那些原则去写作吧，人们将会对你刮目相看。

对从初稿加以修改、润色到最终定稿这一过程而言，这些原则足够了，但这些原则并不是针对整个写作过程的。

让我们一起回想一遍制作一份写作计划的过程。比如，从现在开始，未来四周内，你需要完成一篇大型报告。这个任务可能是一份写给你的客户的白皮书，可能是一份写给管理团队以向其说明你所在部门健康运转情况的内部文件，也可能是一份公司可能拿来作为布置任务的参考的研究报告。重点是我们要讨论如何撰写一篇几千个单词的长文，以及写作背后所要付出的各种努力。

对许多作者而言，接下来所做的比凭空幻想好不到哪儿去，我将这一过程归纳成3P：

·**拖延**（Procrastinate）。时间不多，你却没有动笔开始写。你需要去采访一些人，采集一些数据，然后再坐下来实实在在地搞一些网络调研。由于你至今还没动笔，而现在离截止日期还有四周，因此你会去做日程表中其他亟待处理的事情，但那些亟待处理的事情和这个写作项目毫无关系。对一个为期四周的写作项目而言，拖延阶段往往就要持续两周之久。

·**惊恐**（Panic）。每一个写作项目都会经历这一阶段。当你发觉剩余的时间几乎不足以完成写作时，你就会惊恐。你会紧急完成你需要的各种采访，赶紧处理数据，并开始在网上找一些你可能需要的材料。当你开始真正着手去写时，你意识到你可能遗漏了某些内容，接着血压飙升，开始考虑找谁帮忙这样的问题。你一直不停地写，但总是不得不中断，想办法填补一些内容。终于，在截止日期前的最后几天，所有内容被糅合在一起了。如果你还有一些剩余时间，你会将你所写的全部内容通读一遍，把结构有缺陷、语言不连贯或者与事实有出入的地方大致修修补补一番。

·**祈祷**（Pray）。通常，总会有一些人要在你定稿之前对文章做最后的把关确认：这个人可能是你的上级、财务人员，也可能是一个编辑。因此，你要将已经完成（但没有最终定稿）的文章发给他们审阅，并请他们在一天或半天之内审完发还回来。要知道，你是作者，在四周的写作过程中，你应该只占用三周半时间，这些讨厌的审核者还要花一到两天时间。在他们审阅的同时，你要不断修改自己已经发现的错误。最后，当很多评审意见被反馈回来时，当中指出的很多问题你可能已经修改过了，或者当中指出的需要调整的句子你可能已经删掉了。你抱着一线希望，祈祷没有人会察觉可能推倒整篇文章的谬误。如果他们确实找到了足以推倒全文的错误，你就会为自己辩解，说服自己，即使文章有些瑕疵，保住全文也比推倒重写要好。你最终把文章凑齐了，并在截止日期之前交了上去。然后，你就回家去，喝一杯威士忌，来一杯红酒，或是吃点小点心，想干什么都行，全凭你喜欢的放松方式而定，并且暗暗祈祷，再也不要经历这样一个痛苦的过程了。

还有什么可说的呢？毫无疑问，这一过程只会让人写出废话。也许你写作时就遇到过这种糟糕的境况，或许你的情况没有那么突出、典型。但是，除非经过严格的写作训练，否则你总会觉得时间不够，很难在截止期限之前有充分的时间思考文章结构、揣摩语气、研究主题、推敲用语，以及拟好标题。而且，写作总是会有截止期限的。

在写作过程方面，肯定应该有更好的办法吧。事实上，确实有。

不说废话、好好写作的训练过程

在商务环境中，高效地写出一篇文字材料的关键是要搞清每个阶段你需要完成的工作，并把你的精力平均地分配给每个阶段，不要在最后期限即将到来的那段时间里搞突击。当你能够真正搞清每个时刻应该干什么的时候，你的写作水平就会得到稳步提高了。

因此，让我们重新来看看写作过程的三个阶段，这一次，你要更清楚地理解你在每一个阶段的目标是什么。我给每一个阶段都拟了一个标题，可以帮助你深入理解。

第一阶段：准备阶段（"早点感到压力"）

任何谨慎之人在最后期限来临时都会感到惊慌失措，因为在最后时刻出现任何一点小差错都会毁了前面数周的工作。

在写作过程的一开始就早点感到压力，这是一种较为专业的写作态度。早点感到压力意味着不用时刻担心将来可能会出现差错，而且还能给作者留出充裕的时间来防止出现差错。太晚感到压力会带来紧张焦虑的情绪，提前感到压力则会提高写作的创造性。

你需要提前考虑并着手处理以下事项：

·你是否明确了读者和写作目标？把这两点确定下来。

·你是否已经拥有了足够的内容材料？（回答通常都是否定的。）设计一个研究计划并付诸行动。找出尚缺乏的材料并设法填补空白。

·你是否采用了最有创造力的方法？激发你的思维并系统地加以整理。

·你文章的结构是怎样的？你的目标是创建一份"翔实的提纲"——写清楚你最终形成的文字材料是什么样子的，是以何种顺序展开的。

在第一阶段，你不应该动笔去写。没有计划或没有材料的写作注定是没有结果的无用功。仅仅列出你的想法和观点，搜集相关信息，反复考虑标题就行了，别动笔开始写你的文章。

我将在随后的章节中对此做详细解释。第13章将告诉你如何确定读者群和写作目标。第14章将详细介绍做好研究工作的各种途径，以及如何创建内容翔实的提纲。第15章是关于如何与自己的思想进行互动，即关于创造力方面的内容。

第二阶段：草稿阶段（"厘清你的思路"）

写作需要集中注意力。在提前做好研究并完成相关计划后，你要完全置身于写作中。

你在这一阶段要实现的目标就是完成草稿。完成的草稿并不是最终定稿的作品，它只是一份还包含很多错误、瑕疵的完整文本而已。

在四周的写作过程中，你应当只花三天左右的时间搞定第一稿。

我将在第15章向读者解释如何写第一稿，以实现其价值最大化。

第三阶段：修改阶段（"高效处理评审意见"）

写完草稿并不是写作的最终目标，只是让你进入修改阶段的过渡而已。

修改从来都不是一个单一的过程。根据草稿的重要性，你需要进行不同层次的编辑，每一次编辑都会让你更加接近你的写作目标：完成一份没有废话的最终版文本。

这一阶段也存在危险。编辑和适当的合作可以使你的文本变得更完善；但编辑也可能影响你写作目的的明确，使你的文本失去连贯性，甚至破坏你在文本中构建的统一性。因此，一流作家会在写作过程中始终保持对所写内容的掌控力，在写作中不断创造性地回应各种反馈意见。这样做就可以避免废话连篇。

我将在第17章中解释如何有效地在写作中进行合作，并在第18章中说明如何进行编辑。第19章将告诉你如何才能成为一名优秀的编辑。

我在表12-1中归纳了这三个阶段的相关要点。

表12-1　在写作过程的每个阶段应该干什么

阶段	准备阶段	草稿阶段	修改阶段
标题	早点感到压力	厘清你的思路	高效处理评审意见
做什么	列出计划并做好研究	找个好环境开始写作	处理评审意见并在各个步骤中及时编辑
完成什么	研究计划和翔实的提纲	完整的草稿	修改润色过的最终版文本
应当考虑什么	我搜集好所需要的所有材料了吗？	我能写出完整的草稿吗？	我找好审阅人了吗？

如何看待写作过程

如果你仔细看了我前面描述的写作阶段和步骤，你会注意到某些令人惊讶的地方。草稿阶段竟然不是投入时间和精力最多的阶段，准备阶段和修改阶段才是需要付出更多努力的阶段。

写作就像跑马拉松。整个赛跑过程只持续两到三个小时，但备战马拉松则要花上数月之久，要是你是职业长跑运动员，你还要花更多的时间分析你的表现，并进一步研究如何提高成绩。跑一场马拉松是要花很多精力的，但绝不是只在这个过程中努力就行，在跑之前和跑之后都要花很多精力才能取得成功。

前面章节中集中讲到的写作建议不仅要运用在写作的草稿阶段，而且要贯穿于写作的所有阶段。你需要在准备阶段努力找到构成文章所需的材料，比如各种数据和各种图表。在修改阶段，你仍然需要勤奋努力，尽量消灭那些潜藏在你文章中的冗词、废话。

最后，我还要提醒一句：切记要开宗明义。我在第5章中曾提到过，文章的标题、小标题、起始句，还有总结部分都是至关重要的。你应当在写作过程中的每一个阶段都多加注意这一点。在开始之前，你就应当想好一个大标题，在构建充实的提纲时，再对标题加以修改。在写作的每一稿中，你都应该加上摘要。当你进入写作过程的最后阶段时，你应该已经写了两到四份草稿，但对标题和摘要，你可能已经十易其稿了。这方面是值得下功夫的（由于标题和摘要都很短，其实花不了多少精力）。有时候，精彩的标题可能灵光一闪就出现在你脑海里了，而更多的时候，精彩的标题都是在写作过程中逐渐形成的，你必须为之付出努力。

　　要是你自己都不能确定你的读者对象和写作目标，上述这些也就没有任何意义了。在接下来的一章中，我将系统地介绍如何确定读者对象和写作目标这两个关键要点。

第13章   首先要思考

进行商务写作的目的只有一个，就是改变读者的想法。如果读者在读完你的文章之后并无改变，那么你就浪费了读者的时间，也就违背了时间铁律。

你想让读者做出哪种改变？这是一个很复杂的问题。在开始写作之前，你必须想清楚你希望达到的效果具体应该包含哪些内容。

ROAM：在每个写作项目开始之前都要问的四个问题

我用ROAM这个首字母缩略词来帮你明确读者读完文章后应该产生怎样的改变。ROAM反映出改变的四个要素：读者（Reader）、目标（Objective）、行动（Action）以及印象（iMpression）。（作为首字母缩略词，准确地讲，这个词应该是ROAI，但ROAM更便于记忆。）为了

在写作项目一开始就明确敲定这四个要素，你必须对这四个方面一一给出
答案（见图13-1）。

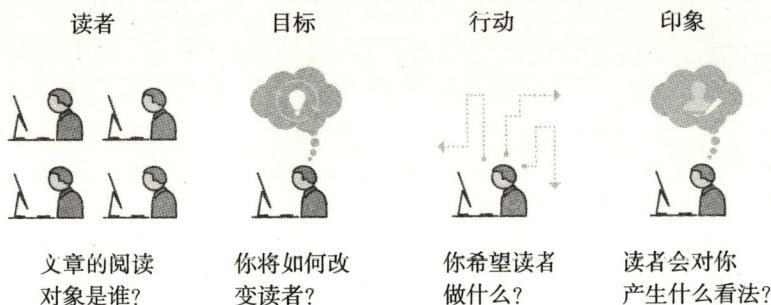

读者	目标	行动	印象
文章的阅读对象是谁？	你将如何改变读者？	你希望读者做什么？	读者会对你产生什么看法？

图13-1 ROAM：写作之前要问的四个问题

读者：文章的阅读对象是谁？

在写任何东西之前，你都要在脑海里形象化地想象一下你的读者。当
你写下"你"这个词的时候，你脑海里出现的是什么人？对于不同的阅读
对象，需要用不同的语气写不同的内容。比如，写给上级（你的老板、高
层管理人员）时，你通常就会写得更加简明扼要，而写给下级（你的员
工、你的学生）时，你可以在文章中加入更多的细节内容。一篇写给养牛
场场主的博客帖子和一篇写给互动的市场营销人员的帖子肯定大不相同。
如果你不了解你的读者，又怎么可能写出任何文章呢？

巴拉克·卡萨尔（Barak Kassar）是圣弗朗西斯科一位颇为成功的
市场代理商，他解释说，当你写作时，对读者对象有一个清晰明确的概
念是十分关键的。"我真的会试着想象一群真实存在的有血有肉的人。
这些人是什么样的，他们的特点是什么？""因为我的文风并不总是适
合我设想中的阅读对象，因此我会尝试通过写作的方式自我娱乐或自我
启发。"

有一个方法可以让你把心目中的阅读对象具体化：写作时，在你的电脑前放一张典型读者的图片。可以放你最喜欢的客户，也可以放公司的首席执行官，还可以是你所在的研发团队的集体照。每当你开始列提纲或者动手写作时，都要问问自己：我要跟这个人说些什么？然后，把这些写下来就可以了。

目标：你将如何改变读者？

你的目标就是希望读者形成想法上的转变。你是想让他们支持某个政党吗？你是想让他们了解更换滤油器的步骤吗？你是想让他们支持你的项目吗？你是想让他们感到愉快吗？还是想让他们阅读之后知道一些他们原本不知道的内容？

你行文中的每一部分都应当引导读者向这一写作目标靠近。把那些对实现写作目标毫无帮助的内容删掉。如果你不知道你的写作目标是什么，那你怎么能知道文章应该包含哪些部分，摈弃哪些内容呢？

行动：你希望读者做什么？

当读者读完你的文章，他们接下来会做什么呢？目标和行动是联系在一起的，但目标并不是行动。目标是你希望给读者带来的改变，而行动则是读者实实在在做出的改变：为政党的候选人投票，更换滤油器，为你的项目追加预算，把令人愉快的文章分享给别人。在WOBS写作调查中，经常承接写作项目的写作者中，有72%的人认为他们的读者会基于他们所写的内容采取相应的行动。

和目标相比，读者的行动是更容易被看到的，也更容易被衡量。如果你都不知道文章所追求的读者行为是什么，你又怎么能够知道文章到底有没有成功地起到作用呢？如果你不期待读者在读完你写的文章之后做点什么，为何还要写文章呢？如果写了文章而读者没有采取任何行动，那么这种写作完全就是白费力气。在职场中，这些总是做无用功的作者以及浪费时间读这种无用文章的读者都不会真正胜任他们的工作。

印象：读者会对你产生什么看法？

你写的所有文章都会反映出你自己，即作者的相关情况。

文章的目标和读者的行动也许很快就会随着时间翻篇，但印象会延续很长时间。印象是一种元信息。读者的印象决定了未来你们相互之间的关系。你希望读者认为你很聪慧吗？你希望他们认为你值得信赖吗？你希望他们觉得你言辞机智、幽默吗？如果你不知道自己希望给读者留下何种印象，你怎么会知道到底用哪种风格进行写作才会达到效果呢？

我在此承诺，如果你把想表达的意思明白地说出来，你的事业就会突飞猛进。在我们的调查中，67%的商务作者认为他们通过自己的写作给人们留下了深刻印象。正是ROAM中的印象（iMpression）要素将助你事业腾飞。

在目标句中将上述内容融合起来

完成了ROAM分析之后，你就可以写一个"目标句"进行概括。这个句子的模式大致是这样的：

在读完这篇文章之后，（读者）将会理解（写作目标），因此他们将采取（预期行动），并认为我（或我们）是符合（预期印象）的。

在写作过程中，要紧紧围绕这句话。时时用这句话检验你的写作，你就会知道自己是否达到了这一写作目标。

对内容营销的ROAM分析

ROAM分析法是很容易运用的。你将会看到，我在本书最后五章中就是运用这一方法来分析如何写各种类型的电子邮件、社交媒体的帖文、市场营销材料以及各种报告的。从ROAM分析开始写作，可以让你的写作活动更聚焦于重要的要素，也能让你朝着有价值的目标展开撰写和修改。

无论是写一封电子邮件、一篇推特文章还是一份白皮书，只要你开始问"我现在应该干什么"这种问题，就赶紧采用ROAM分析法吧。ROAM分析法会告诉你需要干什么，而且它还会告诉你别做什么。

我们以内容营销为例，内容营销是写作和市场营销中热门的类型之一，尝试着运用一遍ROAM分析法吧。

内容营销是指利用博客文章和其他有效的文字内容吸引顾客的注意力，促使顾客点击网页，了解产品。HubSpot是一家为小型和中型商务活动提供服务的公司，他们已经完全掌握了内容营销的技巧、手段。该公司搜集了一批非常实用的博客站点，用以吸引该商务领域的相关人士前来点击HubSpot的网站，当他们点开网站并登录之后，就能了解该公司更多的产品信息了。

2015年12月22日，HubSpot公司的内容营销人员林赛·科洛维奇（Lindsay Kolowich）写了一篇博客文章，题为《组织远程会议的12条实用建议》。[①]这篇文章的开头是这样的：

> 无论你是要和那天正好在家工作的同事开会，还是要和远在世界另一端的客户沟通交流，组织一场高效且富有成效的远程会议都是一个挑战。
>
> 当你和别人面对面时，你会觉得更容易进行有效交流，而且体会对方的感受和回应不同的意见也都不是什么难事。
>
> 但是，当你参加一场视频会议时，你会有一点与会者时刻会消失在深渊里的错觉。

接下来，这篇博客文章继续介绍了12条实用建议。

这篇博客文章的ROAM分析清单如下：

·**读者：中型市场企业的工作人员**。HubSpot公司将客户定位为至多拥有900人的企业。这篇博客文章自然就是对这些企业的员工写的，其阅读对象还包括那些在不同地点办公、经常出差旅行以及在家办公的同事。

·**目标：教读者如何使用远程会议工具**。此外，也教他们如何更好地把握远程会议中与会人员的心理。

·**行动：更好地组织远程会议**。利用博客文章中所列的相关建议，减少远程会议组织上的慌乱，并使会议取得更好的成果。

·**印象：HubSpot公司很有帮助**。让读者感觉HubSpot公司是一个能够真正理解其商务工作需要的最佳合作伙伴。

做完ROAM分析之后，科洛维奇的目标句可能是这样写的：

---

① 引自林赛·科洛维奇2015年12月22日发布在HubSpot公司博客上的文章《组织远程会议的12条实用建议》（*12 Handy Tips for Running Better Remote Meetings*）。参见 http://wobs.co/WWBhubspot。

在读完这篇博客文章之后，中型市场企业的工作人员将认识到他们需要更好的工具和更好的策略以组织更富有成效的远程会议，因此他们将更高效地组织此类型的会议，并将认为HubSpot公司的确是一家能够提供有效帮助的公司。

在ROAM分析中，要注意目标、行动和印象三者之间的区别。目标是要教给读者什么。预期行动是读者运用所学知识。预期印象是读者希望和HubSpot公司合作，这一点和远程会议没有任何关系，但能给他们留下"该公司很有帮助"的印象则是所有这一切的落脚点。

要随着写作项目的不断推进来及时修改ROAM

虽然我教你在写作项目开始时就要进行ROAM分析，但写作项目会有不断发生变化的趋势，管理优先级、截止日期、评审人审阅以及其他琐事都可能出现新情况，这就会对你的写作计划产生相应的影响。

因此，在草稿阶段开始时，在修改阶段开始时，请务必对你的ROAM分析清单进行再次确认。你可能需要调整原先设定的目标和预期印象，甚至可能需要根据你掌握的情况调整读者对象。如果能在开始写草稿之前就搞清楚这些问题，你的写作过程就会更加顺利。

第14章　有目的地做好计划

六年来，我一边在一家研究公司上班，一边撰写这本书。每个人都知道我在做什么，所以他们在大厅里见到我时都会问："你的写书计划进展得怎么样了？"

这种询问总会让我感到紧张不安，因为要是直言不讳地回答，我一定会说："我什么都还没写呢！"我确实在规划写一本书，还未著一字并不能说明我没在写书上下功夫，我只是还没有进入述诸笔端的阶段而已。

当你要着手做一个耗时超过一周的项目时，你大概会遇到同样的问题。因为你还没有原始材料，所以现在还没法写任何内容。但也千万别过分拖延。在没法往下写作的时候，如何有序地推进你的写作计划呢？我来教你：写一个标题和开头，制订一个研究计划，创建一份翔实的提纲。

给想象中的文件拟一个标题并写个开头

至此，你已经完成了写作项目中的ROAM分析了，因此你已经知道文稿的读者、目标、预期的行动以及印象应该是什么样的了。把你的目标句用别针别在你的电脑前，让你时刻能够看见，或者用便利贴贴在你的显示屏上。

现在，打开文档、博客帖子或是你要写的任何东西，至于写作的工具，你可以根据你的习惯随便选择，哪种都行。

现在，把你的标题写在页面的最上方。

你会想："我为何要先写标题呢？我还不知道要写什么呢。"

无论如何，先把标题写下来。就算是在众目睽睽之下，你也必须有所行动。想象一下，你必须就这一题目从现在开始连续讲60分钟。你肯定知道关于这个题目的一些内容。而且，可以肯定的是，你知道你的读者、你的目标，也知道你希望读者读后采取什么样的行动。

因此，大胆地在页面最上方敲出"如何开发一款关于生命科学的社交应用程序而不被开除"（这是我曾写过的一份报告的真实标题）。[1]或者是"我们必须投资于新订单流程的三个原因"。又或者是"本公司新员工必须知道的所有事情"。这并不是最后的标题，因此放松一点，即使你的标题此刻看起来有点幼稚也没关系。

现在可以开始写了。开始动手写你文章的第一段吧。既然已经调查研究过了，完全没有了任何阻碍，你就可以写任何你想写的内容了。想象一

---

[1] 引自乔希·贝诺夫2009年4月20日发表在《弗雷斯特报告》上的文章《如何开发一款关于生命科学的社交应用程序而不被开除》（*How To Create a Social Application For Life Sciences Without Getting Fired*）。可从弗雷斯特研究公司客户端获取，网址是http://wobs.co/WWBsocial。

下，在一家酒吧里，你就坐在一群未来的读者中间，向他们讲述你想告诉他们的事情。别担心你会表达不好，这甚至还不算第一稿呢。在我那份关于生命科学的报告里，我大概会写出如下内容：

　　　　所有的市场营销人员都认识到了社交媒体的价值，这些社交媒体就是诸如脸书、推特、博客之类的社交工具。当然，在这一领域，自然也有美国食品和药物管理局（FDA）制定的相关法则，只要你违反了，你就可能面临高达2.5亿美元的罚款。我知道，这很吓人。但是，只要你读了我在这篇文章中所写的内容，你就会知道是什么让许多生命科学公司得以赢利，以及那些开发了这类应用程序的市场营销人员是如何取得成功，保住他们的职位的。

　　现在，我来解释一下为什么要让你做这样的练习。第一个原因就是，文章的标题比你接下来将要写的所有内容都更重要；写出标题之后，随着你对写作主题了解得越来越深入，你就可以随时修改标题了。文章的开头同样至关重要。当你做研究的时候，你脑子里会一直想着这个开头，这样你就会想方设法地不断改进它了。

　　你还要破除那些影响作者的障碍。当你真正开始写作的时候，你就不必担心动笔写文章了，因为早在动笔之前，你已经开始写作了。

　　把你的工作保存起来，将其命名为"生命科学社交报告第一稿"，或者根据你的真实写作内容命名。然后，站起身来，去喝一杯咖啡（除非你在飞机上工作）。这样一来，如果你的同事走过来问你，"你的写作进展得怎么样了？"，你就可以说："我已经写好一个很棒的开头了。"

创建一个研究计划并付诸执行

你还没有搜集文章所需的素材。也许你已经有了一些想法，但你还需要更多素材。你需要做一个调研。不要立即就去展开调查、打电话或者发邮件，你需要先制订一个计划。

每份文件的写作都需要网络调查。请在你的计划安排表里加上搜索、阅读在线内容的时间。文章所需的素材都在网页上，在你公司的内网上，或者在你公司的信息系统中。利用这些资源来搜集数据、案例及相关证据，会使你的文章变得更加可信。创建书签列表或者统一资源定位（URL）地址，这样一来，当你需要的时候，你就可以随时找到这些内容了。尽管这不是必要的，但利用好Evernote、微软OneNote这类带有标签功能的笔记系统，你将会很好地组织这项工作。

如果你准备进行采访，无论是进行内部采访还是外部采访，你肯定都希望能够细致地跟踪下去。对于采访，你可以像如下这样做：

打开一张电子数据表格。谷歌表格（Google Sheets）就是一个理想工具。表格会出现在浏览器正中，无论你正在搜索什么，谷歌表格都能正常使用，而且你还能轻松地与其他和你一起做网络搜索的人合作使用。当然，如果你更喜欢用微软的Excel，那你就去用吧，但如果你需要和其他合著者或助手一起工作的话，你就会发现谷歌表格更适用于协同工作。如果你善于使用数据库，你还可以在salesforce.com这类数据库中跟踪数据，但对大多数商务作者而言，电子表格就足够了。

我见过许多制作精良的跟踪数据电子表格，但你的表格可以根据个人需要简单制作。你仅仅需要如下几列：研究类型（外部采访、同事采访、网络调查）、联系人姓名、联系人信息（电子邮件地址、电话号码）、最近联系日期、状态（已发邮件、再次联系、安排采访、计划中、已完成）

以及备注。我还会加上一栏"优先级"，在这一栏里，我会用数字1~5按照优先顺序从"必须进行采访"（1）到"最好进行采访"（5）进行标注（见表14-1）。

表14-1　一张调查跟踪电子表格

尽管这听起来已经是过分苛刻的要求了，但我还有一条建议。将每个研究联系人条目单列一行（不包括空白行和标题行）。为什么要这样做呢？因为这样做了之后，你就可以根据优先级顺序、状态或其他你想要的条件将电子表格的内容分类或重新归类了。

做这项工作至少要花几天的时间，如果你或你的同事提出了新的研究想法，你们可以随时增加条目或者对表格做出调整。现在，如果再有人问起"你的写作进展得怎么样了？"，你就可以实事求是地回答他："我们在报告的研究方面已经取得很大的进展了。"

这之后，你就应该去联系那些人了。这里有一些建议，是我通过数十年的研究总结出来的：

·**单独发送邮件，不要群发邮件**。人们通常会忽视群发的邮件，几乎不大可能给你回复。思考一下，其实这是时间铁律导致的必然结果：你必须把受访者的时间看得比你自己的时间更加宝贵。为你要采访的每个人单独写一封邮件。在复制、粘贴相关内容时，要特别注意，千万不要在给某个人的电子邮件中包含其他人的信息，那是极大的冒犯。在第21章，我会就如何起草一封能收到对方回复的电子邮件给你更多的建议。

·**把脸书、推特或领英的私信作为备选的联系渠道。**与电子邮件相比，使用这些联系渠道往往会更快地收到别人的回复。

·**提前准备好采访问题。**这是尊重受访对象时间的另一个方法。先从简单的问题开始，循序渐进，奠定了信任的基础之后，再问具有挑战性和细节性的问题。千万别漏掉什么，因为后续再跟踪采访就很难安排时间了，而且也会使受访者感到厌烦。

·**做好记录，使后续工作和信息核查更加容易。**如果你许诺要给受访者一份最终的报告，那你还要在你的电子表格中及时做好联系名单的更新。

列出一份翔实的提纲

在开始写第一稿之前，你需要根据最终的文章制订一个计划。你在学校很可能学过列提纲的方法，但对制订写作计划而言，你所学的那些是毫无用处的。

列提纲的目的是帮助你以及与你一起工作的人——你的老板、你的客户、你的编辑——了解你准备写什么内容。此外，对作者自身而言，列提纲还会驱使你想清楚文章到底应该包括哪些内容。

传统的提纲毫无帮助。

比如，我对本书第一部分所列的提纲如下：

第一部分：改变你的观念

第1章：超越平庸，拒绝废话

时间铁律

计算"意义比例"

女士走向成功的途径

你能这样做吗

和我一起开启一段文风清晰、坦率、真诚的写作之旅

第2章：抓住你的机遇

我们整天在屏幕上阅读

没有人编辑校对我们所阅读的文本

我们掌握的写作方法不正确

这是一本好书的提纲吗？没人知道。这就像你面对的是一副相亲对象的骨架，却要说出这个人是否吸引你一样。你还需要把一些有血有肉的内容添加进去。

你需要有一份翔实的提纲。翔实的提纲就好比电影的脚本，里面包括一些实际内容的片段。写这种提纲时，不仅要写出文稿的最终版本里会有什么内容，还要对潜在的内容做出描述，此外还要对未来可能充实进去的内容加以承诺。写一份翔实的提纲要比写传统的提纲困难得多，因为你必须好好思考，但这也是翔实的提纲会起到相应作用的原因。

当你写翔实的提纲时，请忽略语法和其他传统写作（和传统列提纲）的一切准则，因为在这种提纲里，你只要展现你准备如何组织文章内容就可以了。如果你把提纲交给你的编辑或合著者，他们只会对你的文章架构

提出意见，而不会编辑你的词句。比如，本书第一部分的一份翔实提纲如下：

第一部分：改变你的观念

该部分分析废话连篇的趋势，为提出具体的写作建议做准备和铺垫。

第1章：超越平庸，拒绝废话

写废话的趋势正在不断发展。你的收件箱里充满了……现在读者已经强烈抗议了，很快就要接近愤怒点了。我向你承诺：如果你读了本书并学会了直截了当地写作，你就会脱颖而出。我会鼓励你，给你勇气，让你写出你想要表达的意思。

时间铁律的定义：你必须把读者的时间看得比你自己的时间更加宝贵。解释一下为什么人们通常会违背这一原则。你要么接受时间铁律，要么就直接把本书放下吧。

计算"意义比例"：定义废话。定义"意义比例"：有意义的单词数占总单词数的百分比。计算Inovalon公司描述文本的意义比例，给出修改版本。

女士走向成功的途径：讲述黛安·赫森的故事。她是因为坦率、真诚的文风而走向成功的企业家。给出她的电子邮件的示范案例。

你能这样做吗：给出更多的故事。还需要三个简单点的研究案例，每个各占一段。

和我一起开启一段文风清晰、坦率、真诚的写作之旅：给出本书剩余各部分和各章节的主要内容介绍。

第2章：抓住你的机遇

引用威廉·津瑟和哈里·法兰克福的话给出历史观点。然后，展开说明我们沉浸在杂乱无章的写作中的三个原因。

我们整天在屏幕上阅读：智能手机用户每天要花3.3个小时在屏幕上阅读（数据来源：salesforce.com），有一半的手机用户会在卫生间使用手机（数据来源：Forrester），相比印刷品，70岁以下的人更喜欢在线阅读（数据来源：Forrester）。更多数据有待添加。

现在，提纲的骨架之上已经有了一些血肉。你知道要研究什么，你知道还缺哪些材料，你知道要去哪儿搞研究。如果你和一个编辑在一起合作，他就能够看出你的计划是什么了，这样一来，你们之间的谈话就会更加有意义。坦白地说，那种认可传统提纲的编辑其实根本不知道作者准备写什么。那些读了你写的翔实提纲的编辑就能指出你计划中哪里可能有问题，又该在哪里多做研究。

这时候，再打开你之前创建的包含标题和第一段内容的文档文件。把翔实的提纲输入进去。如果你觉得翔实的提纲很难写，那就考虑一下这是为什么吧。提纲难写并不是因为你不知道该用什么样的词句，再翔实的提纲也只是一个粗略的描述，词句并不重要。你要问问自己，是否已经明确你的读者群体？是否清楚你应当研究什么？是否确定按怎样的顺序把材料加进去或者应该将什么样的材料组织在一起？这时请放松思维，把你的思维带入提纲中，好好揣摩一下思路，把那些你认为有趣的转折之处或你知道出处的数据添加进去，你就会在思绪中继续搜索下去。这样，你的创造就能达到某个新的高度，即便你仍在计划如何去写作，并没有实际展开写作，你也已经进入一个新境界了。

在整个写作过程中坚持修改

我在本章中写的所有内容都是随着写作过程推进的。你要每隔几天就再好好想想你的标题，然后对标题和开头做点修改。随时更新数据表格，着重关注还没有完成的重要采访或需要你继续跟踪下去的相关数据。在你动笔写作之前，你还要再修改一两遍提纲，把你在此过程中不断获得的内容片段和新想法都加进去。

现在，你只需要开动创造性思维就行了——我将在下一章中教你怎么做。之后，你就可以动笔写作了。

第15章　开动创造性思维

所谓创造性思维，就是那种能使好文章脱颖而出的思维。读者会安静地坐下来，集中注意力来阅读文章，因为他们会发现自己读到了出乎意料的内容。

在某种程度上，创造性思维和虚构有某种关联。但是，读了马尔科姆·格拉德威尔（Malcolm Gladwell）或玛丽·罗奇（Mary Roach）的文章的人就会知道，精彩的非虚构作品也可以像虚构小说一样具有天才的创造性。

那商务写作又如何呢？你的报告应该有创造性吗？你的博客文章和新闻稿件应当使人着迷吗？

当然应该这样，如果你这样做了，人们就会认真地阅读并真正记住你写的内容。

但是，如果你缺乏创造力，你该怎样做呢？

那你就重新思考一下你是谁。

如何才能具有创造性

20世纪90年代，我刚刚在弗雷斯特研究公司担任分析师时，我是一位有着数学和软件开发背景的新人。我要在一家出版公司管理产品项目部。我把自己看作一个解决问题的人，而且具有很好的文字组织能力。

作为分析师，我需要做研究，然后写报告。在我最初提交的四份报告中，有三份问题百出：研究不足、思路平庸，甚至还错过了交稿截止日期。

年终的时候，公司举行了一次全体员工会议。大约有100人挤进了两间连在一起的会议室开会。大老板开始向那些最能代表公司价值和服务质量的员工颁发奖励。我感到很难过，因为我十分敬佩那些人，而且我觉得自己没能发挥潜力，从而让大家看到我。我甚至在想他们会不会开除我。

当我正在伤心失落的时候，有个人拍了拍我的肩膀。他们竟然宣布我获得了一年一度的弗雷斯特研究创造奖（Forrester Research Creativity Award）。我大感震惊，惊讶得说不出话来。（要知道，我说不出话来的时候真的非常罕见。）

我第一次知道原来我很有创造力。我很快意识到，有创造力就会确保我不会被开除。

那时候，我就暗自决定："真见鬼，既然他们觉得我有创造力，那我就不客气地接受呗，我就是有创造力。"因此，我决心要像别人认为的那样拥有创造力。

我天生就喜欢寻找既奇怪又不寻常的方法去表达别人说的、写的或做的事情（这可能源于我一直喜欢用双关语的习惯吧）。无论别人说什么，我都会关联到其他方面。如果他们讨论美国的商业，我就会去想日本的商业有什么不同之处。我会把比尔·奥赖利（Bill O'Reilly）[1]想象成一个激进、热情的自由主义者，把比尔·马厄（Bill Maher）[2]想象成极端的保守主义者，这种想象与现实截然相反。我也会想象如果所有的会计都成了自由放纵派，所有的艺术家都戴着绿色遮光眼罩，世界会是怎样的。一旦改变视角，你就会看到荒诞不经的一面。

弗雷斯特公司就是在发掘市场如何运作方面的创新视点这一过程中建立起声望的。因此，我就充分利用我的天赋去寻找商务工作中的新视角：电视节目表之间毫无联系，互联网分裂成碎片，商务交易将集中在瞬间完成。

我在这方面做得非常好。后来的事实也证明了我没有辜负他们的评价，我就是极具创造力。

现在，我要把弗雷斯特公司管理层曾经对我做的事情传递给你。现在，我也向你颁发创造力鼓励奖。你可以是最具创造性思维的市场营销文案撰稿人，你也可以是最具创造性思维的客户服务代表，你还可以是最具创造性思维的小型商务销售人员，甚至可以是最具创造性思维的企业家。你是不是看过一本名叫《少说废话》的书？那就说明你一定具有不同寻常的潜质。释放你的创造力吧。

从现在开始，你的创造力将会使你产生各种令人吃惊、着迷的想法，这些想法会让你的文章脱颖而出。

压力总是会有的，但我肯定不会让你独自面对。关于释放创造力，我有如下几条违反直觉常识的建议：

· **勇敢接受你遇到的挫折**。如果你遇到问题了，那么其他人肯定也

---

① 比尔·奥赖利是美国著名的保守派谈话节目主持人。——译者注
② 比尔·马厄是美国时政脱口秀主持人，语言风格犀利幽默。——译者注

会有问题。他们的问题也许就会成为你的下一个机遇。Intuit公司的创始人斯科特·库克（Scott Cook）曾经告诉我，小型商务企业主会来电向他们公司咨询家庭及个人财务管理软件Quicken，并抱怨这个产品。这使得服务保障部门的员工感到十分崩溃，因为他们必须不断地向这些人解释Quicken是为个人用户设计的财务管理软件，而不是给企业使用的。最终，库克意识到这个问题就是机遇。Quicken随后衍生出一款名为QuickBooks的产品，专门用于小型商务企业，这使得库克的公司一年收入了五亿美元。

· **让你的世界彻底天翻地覆**。假设你一直在销售产品，如果你的公司转而销售服务，会怎么样呢？有没有哪些顾客是你一直无法接触的，要是你的公司已经走投无路了，有哪种还没尝试过的策略可以让你接触到他们？要是你所有的客户明天就全部流失了，你怎样做才能赢回他们？想象一下和你所处的环境完全不同的世界。在那种情况下，有什么样的新思路、新想法可以让你走向成功？

· **采用一个新的视角**。和你的姐姐谈一谈，和你们公司的建筑师谈一谈，给你某位在新罕布什尔州政府供职的朋友打个电话。如果你已经55岁了，那你就找一个25岁的人谈一谈（反之亦然）。想象一下，是不是那些听你讲话的人可能会提出某些你自己没有想到的真知灼见。你可以从他们的观点中产生新的想法，即便他们自己意识不到。

· **暂时停下工作，思考一阵**。你的大脑在全速运转的时候不大可能会产生新的想法。给自己放一天假，或者休息一个钟头。晚上下班回家时，关掉钱包里的智能手机，摘掉耳机，思考冥想。创新的想法就会自己冒出来。

如何形成想法

创造性思维能够产生新的想法。有些新想法不值一提、糟糕透顶，其他的则需要时间使之完善成熟。新的想法不会自己发展自己，你必须付出努力。

我在弗雷斯特公司时，曾经用相当多的时间来思考新的想法，包括我自己的新观点和别人的好主意。因此，管理层最终给了我"思维开发部高级副总监"这一头衔。这可不像在商务名片上写下几个字那么简单，我每天都在帮助公司发展新的想法。

然而，有意思的是，促成想法发展的关键要素是一系列截止日期。一定要有人给你施加压力，让你在规定时间内拿出成果，否则你不大可能构思出某种新东西，并且最终完成这个想法。为了在截止日期之前完成，你必须拥有很多能够产生新思路的基础材料。但仅仅拥有这些是远远不够的。

思想燃料（idea fuel）是另一个关键要素。如果你的头脑能保持良好的状态，那么各种想法就会不断涌现。举个例子，我一直在寻找关于怎样好好写作的想法，关于差劲的写作是怎样的想法，关于写作方法的想法，关于写作教学的想法，关于废话资料的想法，关于废话影响的想法，关于大胆写出你想表达的意思会产生何种影响的想法，还有关于相关话题的想法，等等。我的大脑会将我看到的、读到的、听到的或讨论到的与这些话题有关的一切内容都联系在一起。这些内容不仅包括通常进行的网络调查，还包括和其他人的谈话（面对面的谈话或者在社交媒体上的谈话）、我读到的文章，以及我全部的（现在的和过去的）种种经验。

你也应该在任何你感兴趣的话题方面做相同的事情。把所有你参与的谈话、读到的文章以及每次的互动交流，包括和零售推销员以及你自己孩子的交流，都当作思想观点的燃料。

　　这些行动将会促生尚未成熟的概念，但其中的大多数还不是真正的想法和思路。想办法继续沿着这些概念跟踪下去。（我已经提到过Evernote是一个很不错的研究工具，事实上，它同时也是一款很棒的可以在任何智能手机、平板电脑或台式电脑的记事本中搜集和组织想法的应用程序。）

　　概念还不是想法，但如果你愿意努力，它们就会逐渐成熟，然后新的想法也会随之产生。那么，怎么做才能把一个概念变成一个想法呢？你必须把这个概念和其他概念以及相关内容，还有你个人的经验结合在一起。大多数情况下，你就是需要一个将它们联系起来的"挂钩"。也就是说，你需要用一个快速而令人着迷的方式描述你的意思。

　　一旦有了初步想法，你就又上了一个新台阶，但这还没结束。把你从网上找到的内容、笔记中的内容，还有从访谈中获得的内容都放在一起。然后将材料整合起来，将内容形成文字段落，这样你就可以在写作某一部分的时候直接采用。

　　大多数人从来不认真思考这一过程（也许是他们迷信，觉得一旦仔细思考了，就会失去魔力）。但是，你应当在干其他任何事情的同时，永远在脑海中创造并构思新的想法。即便你正在做研究、解决问题或者工作，你也应该拿出一半的意识考虑碎片化的想法，努力设法使其形成某一特定结构。这样，当你再坐下来开始写作的时候，所有那些材料就会形成值得阅读的文章了。

　　发展想法可以将创造力转化成文字片段供你使用。因此，赶紧开始行动吧，给自己留出一些创造概念的时间，好好消化，整理一下思路。当这一工作完成之后，你的文章将会写得更好。

第16章　找准心流

1961年，小库尔特·冯内古特（Kurt Vonnegut Jr.）发表了短篇故事《哈里森·伯杰龙》（*Harrison Bergeron*）。[①]这是一篇仅有2200个单词的讽刺佳作。这篇文章的开头是这样的："那一年是2081年，每个人都最终获得了平等。"

2081年人们获得平等的原因是政府采取了必要的措施，使他们得以平等。如果你拥有某种出类拔萃的能力，政府的总裁判官黛安娜·穆恩·格莱姆珀斯（Diana Moon Glampers）就一定会确保你无法使用这种能力。

如果你看起来十分优雅，你就必须在脚踝上戴上配重。如果你天生貌美，你就必须戴上面具。如果你更为聪明的话，会怎么样呢？冯内古特用故事中的两个角色（乔治和他的妻子海瑟）的经历解释了这一点。

---

① 小库尔特·冯内古特所著的《哈里森·伯杰龙》的原文可在http://wobs.co/WWBharrison上获取。

乔治因为智商高过平均水平，所以必须佩戴耳机，以此造成一些精神上的残障作为补偿。法律规定，他必须24小时佩戴耳机。每隔20秒左右，政府专门的电台就会向耳机发送一些尖锐的噪音，好让乔治这类人不能以脑力占有不公平的优势。

乔治和海瑟正在看电视。虽然海瑟的脸颊边还挂着泪珠，但她已经不记得刚刚是什么感动她了。

一群芭蕾舞女出现在电视屏幕上。

一阵蜂鸣声回荡在乔治的脑海中，他感到突如其来的惶恐，好像入室盗窃的小偷弄响了警铃。

冯内古特从未料想过，其实不需要佩戴造成精神残障的耳机，人们就能发疯。在他写下这篇故事50多年后，这种分散注意力的心烦意乱时刻影响着我们。我们的耳朵里塞着耳机。我们在嘈杂的、开放式的办公室里工作，不断地受到打断和干扰。我们必须接收电子邮件、查看脸书、摆弄智能手机，这些因素无时无刻不在扰乱我们。

如果不能一次性集中注意力20秒钟以上，你就无法进行写作。现如今，你自己给自己造成的影响要远远大于黛安娜·穆恩·格莱姆珀斯带来的影响。

下面，我来向你解释一下为何要保持注意力集中，以及如何保持注意力集中。

心流的心理学原理

杰出的心理学家米哈里·契克森米哈赖（Mihaly Csikszentmihalyi）曾经描述过"心流"（flow）的体验——你会文思泉涌，并且在那一刻，你可以极其高效地利用你的才能，快速推进工作，取得较大进展。心流的状态出现在你有任务需要完成的时候——任务要有一定的难度，但并非不可实现。为了达到心流的状态，你必须取得稳步进展，在任务的推进过程中不断解决问题。对写作者而言，心流带来的感觉是很棒的。但更为重要的是，心流能够产生很棒的文章。

正如苏珊·K.佩里（Susan K. Perry）在其著作《随心而写》（*Writing in Flow*）一书中所说的那样："你明白的，当时间似乎消失了的时候，你就进入心流状态了。处于心流状态时，你就会深深地沉浸在你的写作中，深深地沉浸在你正在从事的活动中，以至于忘记了自己，忘记了你所在的环境。"[①]

你不可能一下子把所有句子不间断地写出来，然后就能得到一篇连贯的、引人入胜的且颇具说服力的文章。写作时，你难免会被查看邮件和脸书消息、接电话，或者去喝咖啡等琐事接二连三地打断。如果你能一次性写完整篇文章或者一次写完一大段，比如写完一节或一章，你的文章读起来就会好很多。

和其他伟大的学术素养一样，要想达到心流的境界，就需要正确地加以准备，需要合适的环境，还需要对自己大脑的运作机制有一定的了解。

在前面几章中，我已经谈过了做好写作准备的重要性。既要思考读者

---

① 引自苏珊·K.佩里所著的《随心而写：提高创造性的关键》（*Writing in Flow: Keys to Enhanced Creativity*），作家文摘出版社（Writer's Digest Books），1999年，第1页。

和目标，提前做研究，写好开头，列出翔实的提纲，又要使自己拥有创造力。提前做准备不仅是为了在截稿期限前交出文章。在进行相关写作准备的时候，你的大脑就已经开始直面各种挑战了。这个过程大多数时候没人意识到，但对写作而言则是一个十分必要的先决条件。

如果你提前做了这项工作，那么当你开始写作的时候，你就能够轻而易举地扫清影响文章顺利推进的各种阻碍了。把你所需要的想法、事实、引用案例以及相关知识结合到一起，你就可以着手去写了。除非你先把准备阶段的工作全部完成，否则你永远达不到心流的境界。

如何集中注意力

工作空间中存在的一切事物都会共同对你产生影响。你的电脑、智能手机、同事都会潜在地分散你的注意力，打断你的写作。我曾经供职的弗雷斯特研究公司的同事詹姆斯·麦克奎威（James McQuivey）曾这样说过："为了写作，我必须把自己和日常生活中那些分散注意力的事物分隔开来。"

我很享受那种坐在那里进行创作的时光，也许你会讨厌那种时光，但我们都需要不被打扰，集中精力进行写作。这就需要两样东西：时间和空间。

首先是时间。要让自己拥有至少90分钟不被打扰的一段时间。如果工作日白天排满了各种会议，这种不被打扰的时间段可能就会出现在晚上或者周末。如果你晚上或周末不能工作，那就在白天的时间里拿出一段你不受打扰的时间（可以在前后留15分钟的缓冲时间），从而配合你正常的日常工作安排。了解一下你自己是在早上5点半更加文思泉涌，还是在上午晚些时候、下午或晚上，还是在深夜，你的状态才会特别好，才能够写出更多的内容。

其次就是空间。你需要找一个能够安心写作的地方，使你的同事无法当面打扰你或者打电话影响你。你或许喜欢在家工作，或者在一张未被占用的写字台上进行写作。在某些工作场所，戴上耳机就意味着暗示同事你不想受到干扰。有些人能在坐飞机的时候完成最出色的作品；我有一本书的合著者就是这种人，他绝大多数的写作都是在一家咖啡店里完成的。

我喜欢安静地创作，有些人则喜欢听着强劲的音乐创作。我喜欢身处绿色植物中，你可能会喜欢光秃秃的墙壁。一定要让你自己处于那些能够激发你的创造力，使你文思泉涌的事物中，当然，这些事物不能分散你的注意力。

你的大脑需要能量。你的血糖含量十分重要。理想的状态是，你在写作前的几个小时里吃一顿。在血糖含量低的时候，人们难以很好地保持注意力集中。写作之前吃糖或摄入咖啡因能够帮助大脑进入兴奋状态，但不能让你达到心流的境界——心流的境界是让你寻求稳定的精神集中，而不是让你进入紧张的高度警觉状态。

另外，资料也很重要。打开你用来收集笔记、采访资料和其他写作内容的工具。打开你事先写好的翔实的提纲，把它放在你能看见并随手可以拿来参考的地方。写作中会遇到各种问题：什么事例可以证明这一点？生产情况的统计数据是什么？我能运用哪种分析方法证明这一点？通过这种把你所需要的写作素材都放在手边的办法，你就能够减少停下来找材料或联系他人索取材料的行为，毕竟这些行为都会影响你写作的心流状态。

最后，消除社交媒体和电子邮件对你造成的日常性注意力分散。关掉你的手机。你正在进入一个不可被侵犯的写作空间，别让任何事情打扰你的写作。

现在，你可以开始写作了。

就这样保持住，一直写下去，直到你卡在某处为止。当你卡住写不下去的时候，自己写一张便条，注明你需要怎么解决这个问题（比如，"此处需过渡"），然后继续写下去。最佳状态是：你每写30~60分钟就休息5~10分钟。如果你写10分钟，休息30分钟，你的文章肯定会断断续续。那样的话，你就不可能进入心流的状态了。

如果你没能进入心流状态，应该怎么办？

有时候，心流这种东西很难捉摸，因为它不是招之即来的。通常你会写出一堆废话，即使那都是你自己写出来的东西，你也知道那全是废话。你的文章结构和内容根本不相匹配。如果你的文章不能说服别人，你就会感到失败。

这时候，你就需要回想一下大脑是怎样解决问题的。我们来看看爱尔兰数学家威廉·罗恩·哈密顿（William Rowan Hamilton）在1843年的经历吧。哈密顿发现一般的数字序列都可以向两个方向无限延伸和扩展，他称其为"复数"。他尝试着进一步拓展数字的概念，把数字向其他维度延伸。每天他都在尝试着不同的可能性，然而每天等待他的都是失败。

有一天，他陪爱人沿着都柏林的皇家运河散步。当走过一座桥时，哈密顿突然感到灵光一闪，就像他自己描述的那样，"一条电路被连通了，智慧的火花迸溅出来"[1]，解决问题的办法出现在他的脑海里。他立即在一块石头上刻下了一个简单的等式。哈密顿在之后的一生里都在研究和讲授四元数，直到现在，都柏林的那座桥上还有一块纪念哈密顿的牌匾。

解决写文章的问题，即解决如何把相关概念整合到一起的问题，并非和解决数学问题是毫不相干的。把文章写好同样需要辛苦钻研，就像哈密顿所做的努力那样。尽管你可能会认为自己没有取得进展，但你的大脑在不断地思考各种可能性和各种观点，当一切准备就绪的时候，你自己的思维"电路"自然就会连通。

当你失败的时候，即使你以为自己已经放弃了，其实你的大脑并没有放弃。为了在遭遇失败之后还能继续取得进展，你需要放松放松，免得让压力一直占据你的大脑，就像哈密顿一样，可以去运河边上散散步。就我个人而言，我会在骑车、锻炼或者躺在床上休息的时候想出问题的解决方案。

要想成功解决具有挑战性的问题，需要四个方面的要素：努力、失败、放松和时间。除非你已经具备了这四个要素，否则你不可能克服遇到的障碍。

对于写作，这意味着什么呢？这意味着你必须在开始写作之前就付出努力，不断挑战自己，以便找到最为合适的内容和内容组织方法。你必须承认失败是迈向成功的第一步。而且你在干别的事情的时候，必须留出时间来让大脑思考新的问题解决方案。

写作似乎是连续性的、一以贯之的工作，但思维创造并非如此。你在

---

[1] 引自威廉·罗恩·哈密顿1865年8月5日发表的文章《谈及四元数发现过程的相关信件》（*Letters Describing the Discovery of Quaternions*），出自都柏林圣三一学院（Trinity College）的数学史网页，内容提取时间为2016年2月15日。参见http://wobs.co/WWBhamilton。

写作过程中必须把握住这一点。当你回到电脑前开始敲键盘的时候，你头脑中就应该已经有解决棘手问题的新办法了，这样一来，你会发现要找到心流的感觉就很容易了。

别搞砸了

把第一稿写好后，你肯定会为此高兴不已。

现在，你文章的第一稿将要交给其他人审读了，而且他们会为你指出哪里有错误。不仅如此，他们还会有些很好的点子，你要在文章中把它们加进去。

既然已经迈入了修改阶段，你肯定不希望付出了如此辛苦努力的成果最终走向失败。

在接下来的章节中，我将就如何合作和如何修改给出建议。注意，首要原则是：不要企图添加太多内容。要把那些没有意义的内容大胆删掉。要对文章中的破绽之处和毫无必要的过渡句进行修改。要重新编排内容顺序，改进文章的结构。但切记要保证你写的内容仍然流畅。

心流的境界很难达到。所以，千万别轻易搞砸自己达到心流境界后所写出的成果。

第17章　愉快地与人合作

在商务环境中进行写作的最佳之处就在于会有很多人帮你一把，在商务环境中进行写作的问题就在于还会有很多人爱管闲事。

你要明白一点：这可是你自己的文章。是你在写，最终很有可能要在上面署你自己的名字。我已经告诉你如何通过少说废话来使你的事业高歌猛进。现在，我来教你如何在不有损文章核心的前提下与别人合作，以促进写作。

你需要了解的第一件事情就是：在写作过程中，每个人将扮演什么样的角色。

写作过程中的角色

商务人士身边总有形形色色的可提供帮助的人：律师、会计、顾问等。要是商务人士能将上述这些人都看作提供意见者，一定会对写作大有裨益。但要是你让他们接管你的生意，那么生意就不再属于你了。

同样道理，如果你的写作过程中有审阅人和合著者的参与，那么就会有很多人为你的文章提出建议、提供内容，或是给予其他帮助。如果你不利用他们，那你肯定会错失良机。但是，如果你让他们反客为主地掌管了你的写作，那文章就不再是你的文章了。

好好了解一下作为作者，你要和哪些人合作？他们应该做些什么？他们应该出现在写作过程的哪个阶段才是合适的？请注意，并非所有的写作项目中都存在本章提及的各类角色。

编辑和项目经理在写作过程中的工作

编辑会使文章变得更加出色。如果你自己就能找到一个水平高、经验丰富的人来从头到尾帮你审稿，那么你就赶紧和他签下合同，请他担任你的编辑。如果有人给你委派了一名编辑，那就说明这名编辑很可能拥有丰富的经验，足以给你很多帮助。无论是哪种情况，如果你能听听编辑的建议，一定会受益匪浅。

编辑是站在读者的角度去看文章的。他们会向你反馈他们认为读者需要理解什么，读者没能理解什么。如果他们颇有才华，他们还会给你提出相关建议，教你如何修改文章的欠缺之处。

理想状态下，编辑会在你开始准备的阶段就帮助你明确读者、确定目标，帮你明确你想使读者读后采取何种行动，以及帮你确定你想让文章留给读者何种印象（还记得ROAM分析法吗？）。勤奋而负责的编辑还会对你的研究计划和翔实提纲进行审阅，并给出评语。他们会对你所写的每一稿都进行审阅，并相应地给予适当程度的反馈。最为重要的是，编辑会告诉你什么时候文章才算是写好了。

一个优秀的编辑还会给你鼓励，告诉你你已经取得了很大的进步，并为你指出有待改进的地方。

下一章我将详细地对编辑过程加以解释和说明，现在你只要清楚一名经验丰富的编辑将是你重要的写作搭档就行了。

有一些编辑还会做一些其他相关工作来帮助你管理整个写作过程，他们还要和你文章的其他审阅人相互交流和互动，并和你一起研究你收到的审读反馈意见。有时还会有其他人负责这项工作，比如一直跟进你的写作的项目经理或沟通人，他们会管理你文章的每一稿和相关评语，而且他们还要催促你抓紧时间在截稿日期前上交文章。坦白说，除非你有一个既庞大又成熟的写作团队，否则你很可能得靠自己搞定审阅等相关工作。

在研究阶段给予你帮助的研究人员和研究参与者

对大型写作项目而言，不可能全靠你一个人完成所有工作。因此，往往还需要研究人员和研究参与者的加入。

研究人员可以帮你做很多外出搜集情况的工作，他们能帮你找到写作所需的相关数据、事实案例和内容素材。做这类工作的研究人员通常都是一些聪明的初级员工。给他们下达明确的指示，清楚地告知他们你需要何种素材，他们就能帮你找到一大堆内容材料。而且，因为他们的想法并不会和你的完全一致，所以他们很可能会找到一些你没想到的东西。研究人员还能帮你节约时间，代替你去完成烦琐的采访、跟踪采访结果与反馈等工作，我在第14章已经对此做了详细的介绍。

根据写作的内容，你可能还需要获得其他专业的研究参与者的帮助。比如，当你构建写作框架和思路的时候，可能会考虑制作图表，那么你在开始写草稿的时候，就应该吸收一位设计人员或制图人员加入团队和你一起工作。如果你的文章包括了非常专业的内容——比如金融分析，或技术探讨——你则可以从该领域的相关专家那里得到帮助。但是，你要在写草稿的过程中留出专门的时间，重新整理他们所做的贡献，使之和你所写的其余内容完美地融合在一起。

顾问审阅人对草稿的评论

在你的写作团队中，很可能会有能在很多方面给予你帮助的专家。比如，他们能够给你提供文章思路、文章结构或文章内容方面的专业知识。别光坐在那儿，要去寻求他们的帮助。

我将这类对你的写作提供帮助的人称为"顾问审阅人"，是指任何能够对你的写作提供帮助但不做最后审定的人。

为了处理好各个审阅人所给的反馈意见，在写作过程中，你要根据审阅人各自的特长来分别吸收和采纳他们的建议。如果你知道某个人善于归纳观点，那就在形成翔实提纲的阶段去请他帮忙。当草稿初具雏形以后，你就可以请具备专业领域知识的专家来提供建议了。而那些文采好的人则可以在草稿接近完成时提供语言修改上的帮助。别等到文章快写完的时候再拿去给所有的审阅人看，那样你就会因为时间来不及而无法将收到的大量评审意见体现在你最终的作品中了。

确保你的编辑（他是你最重要、最基本的审阅人）清楚地知道你在和哪些人合作。确保他清楚那些审阅人对文章的点评情况。当你希望将审阅人的建议吸收进最终稿时，你还需要让那些审阅人知晓这一情况，而你和编辑则必须亲自对所有评审意见进行取舍。

把关审阅人最后对你的文章做出评审

把关审阅人对你的文章的意见是不容忽视的。法律和法规方面的审阅就属于这一类。有时，老板所给的反馈意见也属于这一类。

人们天生都畏惧把关人，但把关人之所以存在，有必然的原因：他们可以防止你把事情搞砸。有些时候，你必须听从他们的意见，因为他们正是你为之工作的那家公司的掌门人。

在此，你必须大胆一点，别害怕。如果你料到把关人会指出某些问题，那就在写作过程中提前咨询他们的意见。提前问清楚就能使你避免在最后时刻出轨或翻车，使你不至于搞砸你全篇的好文采。通过向他们表示你对他们的意见十分尊重，你甚至还能让他们站在你这边，为你提供帮助和便利。

你能获得的义务审阅无疑是和把关审阅人具有多少权力相关的。你的老板（某些情况下，可能是你的同事）可能不仅有权改变你所写的内容，甚至有权决定你未来的职业发展。这是否意味着你必须对把关人唯命是从呢？不是这样的。这只是意味着你必须慎重、严肃地考虑他们的意见，并认真予以回复。如果你觉得你不能或不应该根据他们所提的要求修改文章，你也应当尊重地予以告知。比如，你的老板极其推崇使用行业术语和被动语态，那你可以给他一本《少说废话》，就如何写作和他进行深入探讨。

无论你的把关审阅人是谁，千万别丢下一份12页的文稿给人家，然后告诉他你明天就需要得到反馈。这样做是极不尊重人的，会让人产生厌烦的心态。要知道，你最没必要做的就是惹恼把关人，他会将你的写作项目束之高阁，或者让你通宵修改。你最好提前一段时间告诉把关人你准备把文稿交由他审阅，然后还要给他留出一些时间，让他从容不迫地完成审校和把关。

文字编辑和内容校对人员确保最后的万无一失

当你觉得文章已经撰写完成的时候，你要给文字编辑提交一份。文字编辑的职责就是检查你文章中的语法错误和用词不当。但是，就像对待其他审阅人一样，千万别逼迫自己对文字编辑言听计从。要记住：这是你写的文件，这是你的文章。

同样，在内容校对人员帮你检查文章实例和引用是否恰当时，也不用对他们言听计从，要注意自己把握决定。现在，在大多数写作项目团队中，很难再有一个专门的内容校对人员了，但如果你的团队里有，他将再校对一遍你的文章，以确保你没把斯里兰卡的人口数量或密苏里州参议员所说的话搞错。如果你没有内容校对人员，那你就得养成这样一个好习惯：在把你的文本公之于众前，一定要把所有内容都检查一遍。

咒语

我已经在表17-1中总结了文章写作过程中将与你打交道的所有参与者和审阅人的类型。

这些人有一个共同点。

你将向他们寻求帮助，他们反馈给你的是对文章的批评和对内容的建议。

如果你恭谦有礼，这些事情就会进行得相当顺利。即使你受到了使你感到沮丧的批评，也要做到礼貌、谦虚。你需要吸纳这些人的优秀之处。所以，请记住这句咒语吧："谢谢您。"

这句话会对你有很大帮助，尤其是当所有人都只关注截稿日期并拼命赶稿时，礼貌一点会为你带来优势。

表17-1　写作项目中潜在参与者的角色

参与者类型	他们负责干什么	理想的参与时间
基本作者	计划、写作、修改	准备、草稿、修改阶段
编辑	总体指导；代表读者	准备、草稿、修改阶段
项目经理	保持项目总体方向；截稿日期负责收稿	准备、草稿、修改阶段
研究人员	寻找文章所需的事实材料和内容素材	准备阶段
研究参与者	为文章加入专业类型的内容（如数据分析等）	准备和草稿阶段
顾问审阅人	基于技术和其他专家的意见审阅文章	修改阶段：前期稿
把关审阅人	审阅并批准通过（如法律审阅）	修改阶段：中期稿和后期稿
内容校对人员	确认文章中的事实内容和引用内容	修改阶段：终稿
文字编辑	检查并修改语法错误和用词不当	修改阶段：终稿

合作工具

如果你和其他人合作，最好利用恰当的技术来保证你们能够有效地分享各自的工作成果。

过去的老办法是将所有内容都保存在硬盘上，然后用电子邮件将这些材料发送给和你合作的人。这种办法会导致很多问题。如果你曾经经历过"见鬼，你编辑的文章版本搞错了"这种问题，请自觉举手。这种情况每天都在发生。

有些公司利用精细化来往系统进行材料内容的管理工作，但这种系统往往会带来很多间接费用和更多的时间成本。你不需要使用那种东西，你需要的是云功能。

当然，我肯定也要从自身做起，反对滥用行业术语。因此，我先好好解释一下云功能是指什么。

先从共享文件夹说起。谷歌硬盘（Google Drive）和Dropbox云端服务在这方面做得很好。你可以在那个文件夹中，利用各种资源、材料和文本来组织写作内容。它不仅能让你和其他同事一起工作，还能让你随时从任何你想要的工具设备中获取相关材料。正确地设定之后，这种共享文件夹就能与你的硬盘同步，保存你正在写作的所有文稿版本，这样你就得到了完全保险的自动备份。"我的硬盘崩溃了，所有的文档稿件都没了。"这在21世纪将再也无法成为交不出文稿的借口了。

微软的Word或谷歌文档是对合作撰写文件进行有效管理的两种基本工具。

如果你正在写作的内容最终将以纸质版和在线版两种格式呈现，那就请用微软Word来进行写作，因为它能够支持更多类型的精细化页面排版。应该让审阅人拷贝一份你所写的Word格式的草稿，并用Word的审阅工具对内容进行标注，利用这种审阅工具，就能在文档中显示出所有修改、增加、删除和批注的内容。

不要用电子邮件同时发送多个文件。应当一次分享一个文件、一个链接到谷歌文档页面，或是分享整个文件夹，然后告诉审阅人编辑某个指定的文件。在告诉审阅人有些你已经注意到的问题需要保留时，上述这种共享模式可以帮助你解决一些不可避免的小问题。要知道，这些问题总是会不断出现在最新的审阅版本中。

更为专业的建议是：遵照文件命名惯例来命名，防止陷入合作纷争。我的文件通常是命名成这种形式的：WWB书稿 06 被动 v1.doc。［意思就是：《少说废话》（*Writing Without Bullshit*），第6章，被动语态，第1稿。］数字编号可以让你轻松地按文件名分类，以便查看有什么、缺什么，还需要更新什么。记住，这些文件也会出现在其他人的硬盘或文件夹中。如果你命名文件时不是用"市场营销博文"或"第5章"这类模棱两可的文字，而是按照上述方法命名，那么别人查看你的文章内容时，就会简单方便许多。版本编号可以让你更清晰地告诉同事他们要找的内容是什么。当他们把文本发回给你时，他们应该在文件名中注上"某某编辑"字样，以表示某某已经审阅编辑过这个版本的文字了。

在第14章中，我曾向读者展示过如何使用谷歌表格去跟踪、搜集采访这类活动的后续信息。谷歌表格也非常适合于统计章节、章节标题、段落负责人员名单，以及截止日期等信息。此外，与文本不同的是，你完全可以指望多人同时对数据表格进行更新。

你还可以向所有的研究人员和编辑分享你的笔记。可以利用共享文件夹或Evernote这样的工具来分享笔记。

最后，你要习惯于使用Skype［或其他类似的视频通信工具，如谷歌环聊（Google Hangouts）等］。只要你有电脑，你就可以通过Skype和世界上任何地方的其他人保持联络。即使你的编辑在新加坡，而你在孟买，你也可以和他实现面对面的交流，这将能让你知道他是否真的很失望，还是对你抱有讽刺的态度。这种渠道可以让你们相互分享文件。（目前，一方处于移动网络下的编辑会议还不能很好地实现。）

与合著者一起工作

要是有其他人帮忙，你就会相对轻松，因为尽管仍然是你在负责整个文稿的写作，但你只需要决定如何处理其他人对文稿的建议和贡献。

如果你与别人合著，情况又将如何呢？这样的话，两个人将共同对一份文本负责。

　　合作有可能会非常顺利，当然，你得提前解决好写作责任和写作过程的问题，否则你就可能遇到麻烦。你们相互间沟通交流的时间将是你一个人时所需时间的两倍还多。因此，我来教你如何与合著者顺利地合作，同时又不会让你自己崩溃（或者让双方都崩溃）。

　　首先，你要承认合著者之间必然是一种紧张关系。我曾经与人合著过三本书，我发现合著在某种程度上就像结婚。合著者之间关系理顺了，就能事半功倍；关系处理不好，就会带来无尽痛苦。即使是你与人合著那些小手册之类的文本，看似无足轻重，要是你很在意的话，也极有可能使合作成为挑战。

　　就像你和编辑一起工作一样，与合著者合作时也要首先一起确定读者定位、写作目标、预期行动，以及希望给读者留下怎样的印象。你要和合著者一起进行ROAM分析工作，一起完成目标句：

　　　　当读者读完我们所写的内容后，（读者）将会认识到（做出思维改变的好处），因此他们将（采取可能的行动），随后他们将开始把对我们的看法变成（预期印象）。

　　你们在目标句上达成一致之后，就一起来选定一个标题吧。切记：别在选定一致同意的标题之前继续开展其他工作。除非你们已经提前达成统一意见了，否则你们就会自始至终因为标题而发生争执。先一起动脑筋想想怎么定标题，这将有助于你们了解如何一起开展接下来的写作工作。

　　对翔实的提纲进行反复研讨和斟酌，直到双方都表示满意为止。经共同协商最后确定的提纲就会成为你们写作计划的核心。在分工的时候，不仅要把文章内容分派到个人，而且要把各种任务也分派到个人，如写作、研究、数据分析、图表制作等，这样一来，你们每个人就都清楚自己负责什么工作了。比如，你负责撰写前两部分，你的合著者负责编辑、校对；然后由她撰写结尾部分，你来负责该部分的编辑工作。或者你负责所有的调查研究工作，她负责所有的撰写工作。

记住，如果你们两人都重复做了所有的工作，那么效率肯定极低。尽管在合著中没必要指定一人全盘负责，但有必要对每项任务都明确一名负责人（带头研究的人员、引领构思的人员、领导数据分析的人员、负责文字的人员、负责和出版方交涉的人员等）。

要和你的合著者一起协调并商定时间表和截止日期，并且商定署名时谁是第一作者（通常是让较有名气的人署为第一作者，或者文章想法来源于谁，就把谁署为第一作者）。

你们两人中肯定有一人拥有相对更好的写作能力，这个人就应当为合著作品定下基调并承担大部分的起草工作。另一个作者则应当尽量配合主要撰写人定下的文风。（虽然你们不可能做到语气完全一样，但如果文风基调一致，那你们实际上是一个人具有两种性格特点。）

双方协调并商定完成文章、审阅文章以及最终定稿的严格流程，确定谁按照什么顺序去做什么，敲定完成每一稿的时间节点。

还要对文章写好以后的事情进行分工。当文章将要发布时，谁来负责推介工作？谁来处理管理事务？

最后，我要你仔细听好我的最后一条建议：合著者千万不要超过两个人。如果有三个作者，在讨论决策时就会出现二对一的情况，而这种情况对合作完成写作任务是相当不利的。我曾经在这方面有过血的教训。切记，切记。

　　记住，你的文章就像你的孩子，而你的合著者则是你的朋友。有时候，这样的关系需要你放弃当初热情提出的某些想法，以保证写作项目的顺利推进。有时，结果会证明确实是你错了，而你的合著者是对的。相互补救正是你们两个人最初选择对方的原因。

第18章 拥抱编辑

"我爱批评……"

从来没人说过这样的话。

在我职业生涯的早期，曾经有位睿智的作家跟我说过，除非我能真正学会接受批评，否则不可能取得更大的进步。他说得没错。但这个道理就像禅宗的"以心传心"：你怎么才能学着爱上听别人指明自己的缺点呢？写作者往往自命不凡，而批评的话往往又太伤人。

事实上，是有办法达到这一境界的。

第一步就是改变你对写作的固有态度。在写作时，你一定相信自己是在创造某些十分精彩的文本内容。你肯定相信自己极具创造力，语言极其机智巧妙，想法聪明无比。你希望不说废话、陈述事实的激情能驱使你不断创作。你使自己相信，你在创作某篇很棒的文章。

一旦写作完成，你就必须抛弃这种思维定式。你所创作的就是页面上的这些字句而已。文字并不爱你，你为何还要爱这些文字呢？现在你的职责就不再是创作，而变为陈述事实了。你可以重新编排文章，进行删节，或者改动任何内容，以便更好地呈现事实。删节文章时，你不应倾注太多的感情，就好像你在修剪灌木丛一样。你的修改是为了使文章变得更好，被修改掉的文章内容并不是你身上的肉，该割舍时就得毫不手软。

之后，该迈出第二步了。第二步和编辑有关。你肯定不会每看完一条建议都问"我是该这样做呢，还是不该这样做？"，这样就显得过于二元化了。更糟糕的是，这就意味着你正在把你自己的思维和别人的思维放在一起评判：别人是否比你更明智呢？或者还是你的想法更棒？如果你认为接受编辑的意见就意味着承认自己不完美，那你就会拒绝编辑的建议。

你应该这样想："编辑提出的这条修改意见说明了什么问题？我如何行动才能把文章改得更好？"这样，在写作中，你就仍然处于主导地位，而且你仍是最聪明的那个。你要决定如何处理编辑指出的文章缺陷，甚至包括审阅人没有指出的错误。你要决定采用何种方法来弥补这些缺陷。修改方法可能和审阅人提供的建议相同，也可能是别的办法。你在寻求更高层次的真实性，那是一种更为自信的方式，即不说废话、惜字如金地与人交流。

只有通过这种办法，你才能真正接受别人对你的批评，并真正将其看作走向更成功的道路的有效途径。

当你与写作文章有感情牵连的时候，要做到上述这点是相当困难的。为了理解我所说的意思，请看下列这则雷氏直升机公司的寓言。

雷氏直升机公司寓言

从前有个名字叫雷（Ray）的公司首席执行官，他所在的公司主要生产直升机。

年轻的时候，雷曾经当过令人羡慕的飞行员。后来，他和几个朋友一起开了公司。一段时间之后，他们的公司，即雷氏直升机公司迅速发展，并控制了很大的世界市场份额。每天雷都高高兴兴地去上班，大多数时候，他的工作也使他变得更加活力四射。他的同事们都尊敬他追求品质的激情，总体上都很乐意为他的公司添砖加瓦。

一天早上，雷的合伙人，也就是公司的首席战略官来到雷的办公室。他对雷说："雷，我们需要让所有人，不论是公司里的人还是公司外的人，都加强意识，让他们更清楚地知道我们是谁，我们的立场是什么。我们需要写一份企业目标声明，让每个人都受到鼓舞。"雷认为这是一个好主意。追求品质一直是驱使雷和他的员工一起奋斗的理想，因此他脑海中第一个想到的目标声明就是："我们制造最好的直升机。"但是，雷也清楚公司的运行需要执行官团队的入股，他们也许会有其他好主意。

他先去了公司首席运营官的办公室。首席运营官指出公司依靠大量分销网络和服务运营赚了很多钱，因此雷就将公司的目标声明改为"我们制造、分销最好的直升机，并提供最好的服务"。

然后，他敲开了首席财务官办公室的门。首席财务官提醒雷，把重点放在制造和销售直升机上很难取悦股东们，正是因为公司管理得当，才会财源广进。因此，雷就把"利润丰厚"加入了公司的目标声明。

雷和研发部主任共进午餐，研发部主任是雷的老朋友了，她非常高兴公司即将涉足无人机领域。她说："我们不再只做直升机了。"但是，研发部主任又不希望将无人机放入公司的目标声明中，因为公司尚未真正公开宣布进军无人机领域。于是，她和雷敲定将公司目标声明中的"直升机"换成"飞行器"，这样就能将公司未来有可能生产的所有产品都包含进去了。

雷正在征求公司目标声明意见的消息不胫而走。人力资源部门的主管和首席市场营销官来到雷的办公室。人力资源主管说："在公司目标中一定要体现我们的力量来自员工，一切归根结底都是人的力量。"首席市场营销官则说："我们一定得想办法在公司目标声明中加上我们最新的广告语。"雷氏直升机公司的广告称他们拥有"前沿机器"。

最后，雷给他的执行团队的其他所有执行官都发了电子邮件。他的销售主管正在印度见客户。他回复说，因为他在忙于结算季度末的销售额，所以一时无法着手研究公司目标这件事。首席信息官没有回复，因为他没有看到这个公司目标对他的部门有什么影响。公司总顾问在回复的邮件中关注"最好的"一词，她说这个词可能会被别人理解成公司对他们的一种保证。她认为用"无与伦比的"一词则会更加保险一些。

于是，雷将所有意见综合起来，在白板上写下这样一句话：

> 在雷氏直升机公司，我们的全球团队利润丰厚地制造、分销无与伦比的飞行器——前沿机器，并为之提供服务。

这句话看起来并不那么鼓舞人心，雷还是决定再好好想想。已经到了周五晚上，他盼着和妻子共进晚餐，他的妻子开完一个专业会议后，也刚刚回到家里。和她聊一聊往往会让雷感到思路更加清晰。

他们从最喜欢的餐厅点了外卖，然后在桌边坐下，点上蜡烛，开始吃晚餐。雷的妻子注意到丈夫异常安静，而且心不在焉。当她开口问他是怎么回事的时候，雷就把当天确定公司目标声明的事情向妻子解释了一遍。

"雷，是你开办的这家公司，你是公司的核心和灵魂。如果你对公司目标声明不满意的话，你就不该定。是谁要你定下这样的表述的呢？"

雷刚要把这件事怪罪到公司的首席战略官头上，又意识到是他自己根据高级管理人员的各种建议对公司目标不断修改的。因此，实际上他无人可怪，只能怪自己。

他的妻子问道："你对公司目标实际是怎么想的？"

他回答说："我们制造最好的直升机。这是世界上最好的载人直升机。"当他把自己的想法说出来的时候，一下子就感到轻松了很多。

雷决定周一一上班就立即解决这个问题。因此，周一上午，他召集公司领导层开了一个会。他把上周得出的公司目标声明写在了白板上：

在雷氏直升机公司，我们的全球团队利润丰厚地制造、分销无与伦比的飞行器——前沿机器，并为之提供服务。

雷问他的领导团队成员："你们觉得这个表述怎么样？"他们每个人都低头看手机、平板电脑或笔记本电脑。雷继续步步紧逼："这句话能够激励你们，鼓舞你们吗？"最后，首席市场营销官开口了。"这种表述似乎有点喧宾夺主，淡化了我们的品牌，"他说，"我不认为这样是使用广告语的最佳方式。"随着首席市场营销官的开口，会议室里开始躁动起来，大家议论纷纷。很明显，没人对这一公司目标声明表示满意。

于是，雷擦掉白板上的表述，重新写下一句话：

我们制造世界上最好的载人直升机。

他感到会议室里的气氛发生了变化。合伙人和首席战略官的脸上露出了笑容。因此，雷开始一个一个地统计大家对此的看法。

首席运营官说，虽然这种表述没有指名道姓地提及分销运营的角色和地位，但表述中要做"世界上最好的"这种话就能鼓励服务和分销运营部门了。人力资源主管表示赞同这种表述方式，因为这种表述反映了员工为什么乐意为公司服务和效劳。销售主管说，他手下的销售人员经常说类似的话，因为公司就是在做最好的产品。首席财务官说，短期投资者只看数量而不会关心公司的战略目标，而长期投资者能够看到效益，有了结果的支撑，他们就会对这样的公司目标更为认可。

研发部主任也表示同意，至少公司生产的主要产品或者将来生产的主要产品都是直升机，她手下最好的设计师也都是从事直升机项目的。除了首席信息官，他在会上很少说话，只剩下总顾问和首席市场营销官了。

雷问总顾问这样的公司目标声明是否会有什么风险。"风险总是会有的，"她说，"任何人都有可能因为任何理由起诉你。"但她也承认起诉的成功概率会很小，因为"最好的"一词尽管令人备感振奋，但并不是需要证明的一种表述。雷因此认定，这种表述的风险程度不会给公司造成问题。

首席市场营销官仍然一脸不屑。雷问他："还有什么问题吗？"

首席市场营销官答道："我在想，在我们的公司目标声明中，是否要在什么地方体现一下我们的顾客。"

雷问："你们认为我们的顾客是谁？"

销售主管答道："就是买家。"

研发部主任答道："是飞行员。"

首席市场营销官答道："还有飞机乘客。"

公司真的能在每个人都明确同意顾客定位的情况下把业务做大吗？对此，雷很是怀疑。雷接着问："顾客对我们怎么看？"

销售主管答道："购买者会喜欢我们的，因为我们提供最好的购买和服务体验。我们在这方面比其他竞争公司做得好。"

研发部主任答道："飞行员会喜欢我们的，因为我们的产品设计不断更新，为他们提供了更好的产品体验。而且，我们实实在在地了解什么是飞行。"

首席市场营销官则答道："乘客也会喜欢我们的，因为我们是为他们设计、生产直升机的，我们的设计不是首先服务驾驶员的。"他的回答引用了市场营销材料，但他知道这是事实。

雷问："是不是我们大家都同意我们为买家、飞行员和乘客创造了最好的体验？"每个人都点了点头。（人力资源主管曾建议，"我们可以将顾客全部统称为'股东'"，但她的建议并没被广泛认可。）

现在，白板上的内容变成了这样：

我们制造世界上最好的载人直升机。对买家、飞行员和所有乘客而言，要想获得最佳体验，雷氏直升机公司是你们最好的选择。

至此，雷感到轻松多了，会议室里的每个人也是如此。雷让首席信息官将这个新版本的公司目标声明发布在公司网站的顶部，首席信息官表示需要三个月的时间才能改好。因此，雷当即解雇了首席信息官，并将网站的事情移交给市场营销部，这样可以更方便地向公众回应相关信息。雷还把这个目标声明挂到公司的内网上和他所有电子邮件的底部。一时间，士气大涨，员工们都鼓足干劲，努力兑现公司目标声明中所做的承诺。从那以后，他们公司的利润不断上涨，运转也愈发顺利。

如何在不丧失自我的情况下和编辑合作

如果你在请人审阅文章之前没有想好如何利用反馈信息，那就必然会走向失败。这就是雷遇到的问题。尽管他只是要写一段很短的文字，如何利用反馈信息也是很重要的一点；这一点至关重要，关乎编辑修改能否起作用。最后，雷还是掌握了编辑过程中的主导权，并获得了成功。

这是作者们经常遇到的一个问题。据WOBS写作调查，在从事写作项目的受访对象中，有将近一半的人表示他们会得到编辑的反馈信息，从而把自己的文章改得更好，但只有32%的人表示，他们的反馈过程较为顺利。调查发现，作者们平均要花35%的写作时间对文章进行重写。因此，你必须尽量高效地利用大块时间，否则不可能取得成功。

如果你还在拼命处理编辑的事情，请牢记下面这个核心原则：

编辑和审阅人是帮你发现你看不到的缺点的，并不是来告诉你该怎么做的。

这一差别至关重要。如果你按照编辑告诉你的所有意见进行修改，你就不是作者了，你就成了一个速记员。

当你接收和处理反馈意见时，请遵循以下五个步骤：

· 明确你的愿景；

· 选择符合你需要的编辑；

· 暴露你文章的缺点；

· 从编辑的意见中获得见解；

· 把这些关于文章的见解运用到你的重写中。

下面，让我们一步一步地按照这个流程做一遍。

明确你的愿景

当开始写作的时候，如果你能清楚地知道自己要些什么，你就不会像雷那样迷失自己的方向了。

分析一下你的读者、目标、行动和读者印象。在决定如何修改之前，先想一想你的目标句是什么。

一个明确的愿景不仅能促进你的写作，还能让你在收到各类建议的同时确保自己有良好的方向感。这就好比如果你有了地图和指南针，就不容易迷路了。写作也是如此。

选择符合你需要的编辑

选编辑就像去看牙医，虽然没人喜欢去，但如果你能够及时获得他的帮助，就能避免很多痛苦和不堪。而且，你必须选择适当的编辑强度，以配合你的写作需要；要知道，有时你通过刷牙就能够缓解牙疼了。

根据我的经验，从宏观地指出概念化的观点问题到吹毛求疵地改正细节问题，编辑大致可分为五个层次。当你写完至少2500个单词的非虚构文章后，你要正确地运用这几个层次的编辑来好好修改。（对于更短的文章，你可以把几种层次的编辑结合起来使用。）不管你准备寻求哪种层次的审阅，别忘了，都要定下一个截止日期，这样你就不用干等着审阅人给反馈意见了。

五个层次的编辑分别细述如下：

·**展开观点**。在开始写作之前，你需要有一个观点。然后，你需要一些支持以保证更好地展开观点。你需要有人告诉你，你的观点是否能够吸引人，是否平庸老套，或者是否站得住脚，以及你应该如何完善和改进你的观点。在写作之前把观点修改好，可以为你节省大量的时间。在写翔实的提纲的同时，把你的主要观点写出来，再找一两个擅长归纳观点的人花30~45分钟时间来帮你修正改进。

·**编辑结构**。有些作者总是想从头写到尾，一气呵成。这样一来，他们往往会发现自己文章的结构不是很糟糕，就是情节主线不明。还有一些人只是把相关材料堆砌起来，却不知道怎么协调和安排。我们总是在写完文章的时候，发现文章结构混乱。对此，擅长搭建写作结构的编辑可以在你列出翔实提纲的阶段，以及随后你提交尚有漏洞的初稿时，给你提供帮助。对结构进行编辑不应使你害怕，这只是意味着对你的文章进行重新编排，对你的观点重新组织而已。但这确实也是挑战，因为你需要用与自己想象中不一样的思考方式去重新讲述你的内容。不论出于什么原因，在写作过程中对文章的组织结构进行一到两次重新调整，肯定将有利于你写出更好的文章，因为这种编辑能够赋予你新的视角。

·**编辑段落和逐行校对**。情节主线没有问题了，就可以动笔了。既然你的文章不是完美的，那么肯定有些部分写得很好，有些部分却充斥着无用的语句、被动语态和其他种种瑕疵。大多数好的段落编辑和逐行校对都是删节。你要习惯于看见大段大段的红色删节线或删节符号。在这一阶段，你还可以在文章中加入专业人士或法律专家为你的文章提出的建议和观点。请记住，要求对零散的、不完整的稿件进行文字编辑纯粹是浪费时间。未完成的稿件在完成前肯定还要进行很多改动。为什么要在你还没有确定要保留的文字上浪费文字编辑的精力呢？

·**文字校对和事实内容编辑**。草稿写完了，或者差不多写完了，但是你的文章还不完美。你需要进行文字校对和事实检查。文字校对是一项专业技能。文字校对编辑能够阅读任何材料并找出其中不连贯、语法错误和用词不当的地方。他们是一类与众不同的人：他们喜欢完美，喜欢挑小毛病。不够优秀的文字校对编辑会让语言失去生机和活力，不要听他们的。而出色的文字编辑则会指出你的错误，拯救你的文章。你要感谢他们（或许可以给他们送点巧克力）。事实内容校对也是在这一阶段进行。在这个时候，你应该确认一下自己文章中所说的"社交媒体聚友网（Myspace）属于新闻集团（News Corp）"是否正确（事实上，这一说法有误）。

·**校读**。每次你对文章进行改动时，都有可能带来新的错误。校读就是为了让你发现这类新引入的错误。如果你的文章很短，而且你对自己的文字编辑很信任的话，这一步骤也可以省略。

暴露你文章的缺点

每当你写完一稿，你都会对错误的内容形成一定的观点。你的本能是要掩藏缺点，这样就会导致错误出现。

这也会让你错过得到帮助的机会。

在给审阅人发送文章草稿的邮件中，把你的担心告诉他。我的文章结构正确吗？我应当删节什么？我所写的材料远远超出了所需范围，还是远远不够？文章还缺少什么？应该是"bury the lead"还是"bury the lede"？[①]不管你有什么不确定或疑问的地方，都要让编辑知道。

你要搞清楚需要什么层次的编辑：你是需要在文章观点上得到编辑的帮助，还是在结构、内容或文字上需要编辑帮忙？

还要告诉编辑哪些内容不需要他们修改，因为你很清楚，有些内容无论如何你都能自己改正过来。

其中不应当包括的内容是：道歉和辩解。我们都知道你的草稿交晚

---

① 这个短语的意思是指写作中没有抓住重点，没有将最重要的信息先写出来。lead和lede是变体关系，意思是一样的，新闻记者习惯用"bury the lede"，而其他人习惯用"bury the lead"。——译者注

了，我们都知道你的草稿不尽如人意。好编辑会忽略这些借口，只有页面上的内容才是重要的。为什么？因为最终的读者不会听你用来解释的借口，他们只看你写了什么。

从编辑的意见中获得见解

编辑的目的不是告诉你要做什么。你是写作者，你要有自己的想法。他们的职责就是向你展示你看不到的东西。就像作家詹姆斯·麦克奎威曾经说的那样："编辑在某种程度上拥有一种特殊的能力，他们能够看出文章中你自己没有意识到的问题，他们能够帮你摆脱你自己想要摆脱却无能为力的束缚。这种能力使得编辑是不可或缺的。"

对观点进行修改的编辑可以帮你明确自己的想法。文章结构编辑可以就文章中你自己很难看出来的结构问题提出意见。段落编辑可以告诉你应当删除哪些内容，以使文章显得更有力。但是，他们谁都不知道你将如何对待编辑。

没人喜欢听批评。但是，如果你自己的态度变成"我能从这些批评中学到什么"，那么批评接受起来就容易多了。

如果你不再坚持维护你那尚有错漏的文章，你就能学到很多东西。这就是你应该具有的想法。在脑海中将这种想法不断明确，你就会主动去仔细思考哪一条编辑建议能够让你的写作更有成效。

如果你对某一批评所指出的问题不是很确定，那就赶紧与提出这条建议的编辑讨论一下。如果你能最终搞清楚并产生新的见解，那么编辑也会高兴地与你一起工作，帮助你修改文章。

把这些关于文章的见解运用到你的重写中

一旦你接受了审阅人的建议，就开始利用相关知识重写文章并进行必要的修改吧。

对每一条编辑反馈或修改建议，无论大小长短，你都应该采取以下三个措施之一加以处理：

·接受编辑的建议，按照编辑所说的做；

·从编辑的建议中学到东西，利用所学知识把文章写得更好；

·如果有恰当的理由，可以拒绝编辑的建议。

有些差劲的作者往往会有不安全感，总是把编辑的建议照单全收，这样自己就会失去对文章的掌控权。另一些差劲的作者则会因过于自信而拒绝所有的编辑建议，这样他们在编辑过程中就什么也学不到。优秀的作者会认真对待每一处编辑修改意见，把上述三点结合起来运用。他们能够找出协调不同审阅人意见的折中办法，而这一技能通常都会带来意想不到的好结果。就像雷氏直升机公司的首席执行官所做的那样。

有些观点、意见需要对文章进行很大的改动之后才能落实。承认事实，然后付诸行动吧。结果肯定会比你现在得到的更好。

无论你已经写了多久的文章，从来没人教过你要喜欢编辑吧。你可以学着慢慢去接纳。编辑是让你的写作不断进步的关键法门。

第19章　进行有效编辑

你很小的时候就学会阅读了。

问题是其实从那时起，你就误入歧途了。你读了那么多文章，它们只是从你眼前掠过，然后进入你的脑海。由于现在你几乎都是在屏幕上阅读，所以你就更难集中精力了。

醒醒吧。

你必须学会批判性地阅读。每当你阅读时，各种感觉将被唤醒，你要仔细寻找那些有着懒惰的写作习惯的作者（或者在某种情况下，心怀不轨的人），以防他们设计诱骗你，让你相信正在阅读的东西很有意义，实则满篇废话。

学着用批判性的眼光阅读吧，这样会使你从三个方面受益。你将为自己训练出一双能够看穿废话的睛睛。你将学会找出并修改自己的文章中也存在的问题。最为重要的是，你可以获得帮助别人修改文章的能力，也就是说，你能成为一名编辑。

如何编辑

编辑可以让你高效地利用相关的写作知识。当你编辑文章的时候，你可以用比别人更少的精力大大提高文章的质量，这是因为其他人——文章的作者——会花很多精力来修改并完善文章。所有的好作者都应当这样编辑文章。

我对编辑的建议与我对作者的建议基本相同。当你应邀前去帮忙审阅或校对文章的时候，你要问作者以下这些问题：

·**文章进展到哪一阶段了？**如果作者想寻求文章结构方面的反馈，你就别给他进行段落编辑。如果文章已经准备发表了，就别建议他推倒重来（当然，除非文章相当糟糕，必须推倒重来）。

·**你担心的是什么？**问问作者哪里还有欠缺，你在校读的时候，要给予额外的注意。

·**你的交稿截止日期是什么时候？**一个好编辑如果交稿时间迟了，可比编辑得毫无水平还糟糕。

·**为什么选我？**作者找你来帮忙肯定是有原因的。可能是因为你善于归纳思路，善于理顺语言，精通某一话题，或者仅仅是因为你的名声比较响。试着兑现作者请求的帮助。如果你是技术专家，就不要把精力集中在文字校对上。

先把全文通读一遍。你的总体印象如何？如果文章有结构问题，那就关注结构——给作者提出结构修改建议，不必去进行文字校读。如果文章中存在概念问题，那就在建议中解释清楚文章中使你迷惑的概念是什么，然后给出解决意见。

如果文章给你的总体印象非常不错，那就回过头来给出细节上的具体建议。为了让作者能够清楚地识别你的修改内容，请使用Word或谷歌文档软件中的标记功能，而不是直接用笔在打印出来的纸稿上修改。把令人疑惑不解的地方用高亮标示出来，可以建议作者重新组织语句。不要仅仅标出被动语态、模棱两可的词和行业术语，还要建议作者重写相关内容。

千万记住要标出有待删节的语句，文章是越短越好。

最后，给作者的标题提提建议，如果你有更好的主意，可以建议作者换个标题。另外，如果你有好思路，还可以建议他将起始句换个写法。

现在，你该将你的建议呈现给作者了。你可以利用著名的"批评三明治"（通俗地说，也称为"狗屎三明治"）原则：开头和结尾都写表扬话，把批评的内容放在中间。你可以当面把你的审阅结果交给作者，也可以以附件的形式发送电子邮件，或者发送链接，把标注的草稿反馈回去。

反馈的开头要肯定作者的努力："这是个很好的想法"，或者"你的观点给了我很大的启发"，或者"我非常赞赏你这篇文章，它有着清晰的结构"。要用表扬话开头，别用批评话开头，这样可以消除作者自然产生的防御心理。

然后，给出文章中存在问题的概述："文章中的被动语态过多"，或者"文章有点长，因此我建议删节几处"。通过表扬稳住作者之后，你要清楚地告诉他们哪些地方需要修改。编辑和作者双方都要把精力集中在探讨文本上，而不要把矛头指向作者的个人问题。

最后，用正面、积极且对作者有帮助的话作为结尾："这些问题都是严重的，但我知道这些问题都是可以改好的，而且你肯定可以做到。这样，文章的大意和主旨就更清晰、更有力了。"在结尾的时候，要充满希望，这样可以帮助作者积极并充满活力地面对接下来的修改工作。

从别人的不幸中寻找快乐——即所谓的幸灾乐祸——是完全正常的。这就是编辑的乐趣之一。只是不要在作者面前表现出来，这样你们都会更加快乐，编辑的结果也会更好（作者学到的也会更多）。

我们一起来看一看写作中的具体问题，并且到底应该如何修改这些问题。

文章太长

如何发现：阅读一篇文章时，你开始思考："文章什么时候才能直切主题和要点？"，或者"这又是同一个论点，还有没有新的内容？"。

问自己的问题：文章的重点是什么，多余部分是什么？

给作者的建议：明确文中的重复或多余部分，将其合并。大刀阔斧地进行删节，并重新组织文章内容。

更多深入细节：参见第4章。

作者没有开宗明义

如何发现：当你读了一小段文章后，你对自己说："啊，现在我知道文章在说什么了。"

问自己的问题：这篇文章的大意、要点是什么？什么样的标题和开头能够开门见山、快速切入？

给作者的建议：删掉开头段，或者换一个新的标题。

更多深入细节：参见第5章。

被动语句

如何发现：你会觉得很难受，知道事情正在发生或者将要发生，却无法说出谁是事情的施动者。这使文章看起来和现实世界产生了脱节。

问自己的问题：到底是谁在做文章中的这些事？

给作者的建议：重写被动句，把施动者作为句子的主语。

更多深入细节：参见第6章。

专业术语太多

如何发现：你读到的很多词让你没法理解它们到底是什么意思。

问自己的问题：作者到底想要表达什么？

给作者的建议：选择一些关键的术语并予以定义和解释。将文章的其余部分用简单一点的词句重写，使所有读者都能理解文章的意思。

更多深入细节：参见第7章。

模棱两可的词句太多

如何发现：很多句子看似说了一些内容，但仔细分析之后你会发现，所有这些语句都是闪烁其词、有所保留的。

问自己的问题：可以用哪些实际的、限定性的事实材料替代这些修饰性的语句呢？

给作者的建议：别再修饰语句了，文章要摆事实。将"非常"这类修饰性词语替换成统计数据，或者替换成关于更详细内容的确定性陈述。

更多深入细节：参见第8章。

缺少清晰的建议

如何发现：立论就像存在于真空中一样，行文似乎不够直接。

问自己的问题：谁是文章的读者？他们准备干什么？

给作者的建议：用"你""我""我们"重写你的句子。对于你提供给读者的建议，你要完全负责。给出采取直接行动的建议。

更多深入细节：参见第9章。

使用数字不精确

如何发现：文章中包含有数字，但不清楚具体含义，也不清楚数字的来源。

问自己的问题：这些数字具有怎样的重要意义？

给作者的建议：把数字来源加入文中，确保使用的数字都有上下文背景——有可比较的对象，数字才有意义。

更多深入细节：参见第10章。

结构不清晰且不具有可跳读性

如何发现：对所有内容都用好几段的篇幅加以陈述。

问自己的问题：文章中的这些内容是否具有清晰的结构？

给作者的建议：重新撰写小标题和项目符号条目，重新制作数字列表、表格或图表。

更多深入细节：参见第11章。

不清楚为什么会存在某段材料

如何发现：你发现自己在问："我为什么要读这个？"

问自己的问题：谁是这段材料的读者？作者的目的是什么？作者希望读者采取什么样的行动？

给作者的建议：进行ROAM分析。

更多深入细节：参见第13章。

没有中心思想

如何发现：你找不到能把整篇文章糅合在一起的内容。

问自己的问题：文中各相关观点是如何与中心观点相联系的？

给作者的建议：来一次头脑风暴，以明确文章的中心观点。

更多深入细节：参见第15章。

文章不断改变方向

如何发现：文章不连贯。

问自己的问题：作者的写作过程是什么样的？

给作者的建议：首先要做好准备，在开始写作前做好研究工作。先把宝贵而神圣的写作时间放一边，体会一下心流的状态是什么样的。

更多深入细节：参见第12章和第16章。

文章七拼八凑

如何发现：虽然文章有中心思想和聚焦点，但其他内容要素看上去是附加上去的，并且相互之间颇为矛盾。

问自己的问题：这些额外的素材是从何而来的？

给作者的建议：管控好你的文章的审阅过程。既要征求审阅人的反馈意见，也要管理并安排好如何使用、在何时使用这些反馈意见。

更多深入细节：参见第17章和第18章。

少说废话

第四部分
改变你的写作产出

第20章　理解文章的载体

我们总是过于关心文章的载体，而对写文章本身关心不够。

人们总是沉迷于如何调整他们所写的电子邮件的格式，并且不断调整邮件的接收对象；在写各种报告时，也总是过分关心页边距和脚注是否得当。这些努力其实是白费心思，只会事倍功半。

写作就是写作。本书的主旨就是告诉你，写作要直接一点，避免出现不必要的词句。总而言之，无论什么时候写文章，无论你写给什么人，无论文章如何发表，把读者的时间看得比自己的时间更加宝贵这一时间铁律都是广为适用的。

50多年前，马歇尔·麦克卢汉（Marshall McLuhan）①说过一句话："媒介就是信息。"这句话至今仍是金科玉律。尽管文章的载体——电子邮件、博客、新闻通讯或各类报告——与其承载的文章相比，实在是无足

---

① 马歇尔·麦克卢汉是加拿大著名传播学家。——译者注

轻重，但载体本身确实有值得重视之处。每一种载体都承载着读者对如何消费其所含内容的一种期望。

文章载体具有隐含意义

电子邮件能够满足用户的多种期望，你可以转发、回复、存档或者删除。电子邮件是一种存续时间较短的文章载体，我们不能指望别人一定会保存邮件，即便保存邮件会对我们不利。就好比一个人对着一群人大喊大叫一样，你写的电子邮件会和雪花般的其他各类邮件一起被送达邮箱，你必须将重要信息在各种杂乱信息的狂轰滥炸下传递出去。现在，社交媒体已经纷纷推出了消息传递系统，即使是"电子邮件"这个词，也已经被纳入指代意义更为广泛的消息传递的范畴，在这一范畴中，每一类型的消息都有自身独特的隐含意义。

社交媒体有固定的传统。社交媒体的发展趋势越来越倾向于公开化、可评论化和病毒式传播的可扩散化。博客帖文一般都很短，推特的文字内容就更短了。用户可以采用社交帖文来引起公众的注意，因此，这也就使读者对帖文的解读和反应随之发生了变化。

市场营销中的沟通也在发生变化。尽管人们仍然会发新闻，但今天的新闻稿件是什么样子的呢？谁会看到？人们对待新闻稿件和对待电子邮件有何区别？在传统新闻之外，市场营销人员是以怎样的方式保持沟通交流的？我们需要一套新的规则。

如果你的合作者希望文章能够持续地产生较大的影响，他们就会去写一份报告或一份白皮书。与其他文体形式的读者不同，报告的读者期望获得研究性的内容，他们追求完美的格式、图表和摘要。另外，报告还会为废话的成堆出现提供可能的空间，因为通常报告的篇幅可以达到任意长度。

商务写作者需要撰写各种不同体裁的文章（见图20-1）。每种休裁都有自己的内涵和特色。

人们在工作中要写什么（商务写作者）

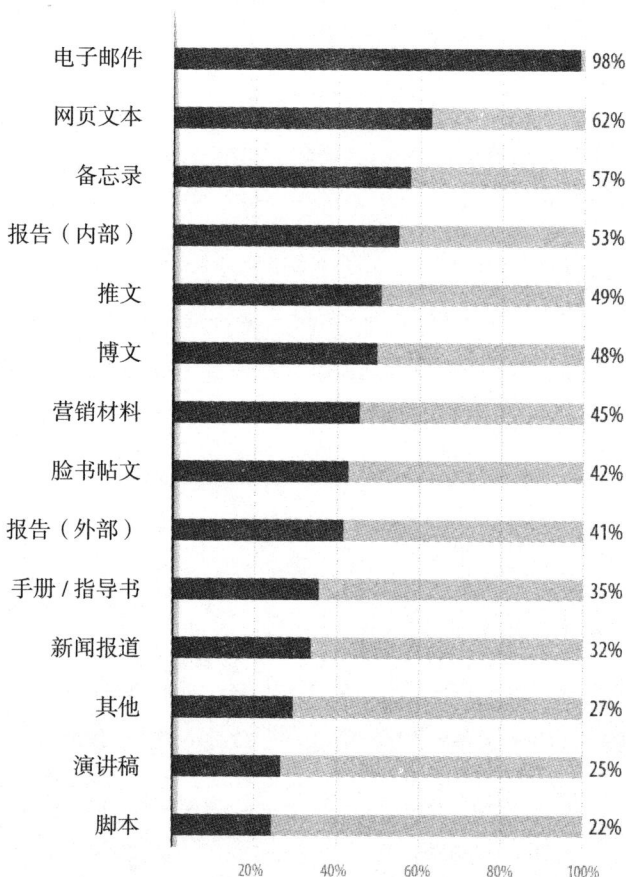

体裁	百分比
电子邮件	98%
网页文本	62%
备忘录	57%
报告（内部）	53%
推文	49%
博文	48%
营销材料	45%
脸书帖文	42%
报告（外部）	41%
手册 / 指导书	35%
新闻报道	32%
其他	27%
演讲稿	25%
脚本	22%

资料来源：WOBS写作调查，2016年1月~3月

调查样本：547名每周花2小时以上进行英语写作（不包括电子邮件）的商务专业人士

图20-1　商务写作者通常会写作的体裁

　　无论哪种体裁，你在写作中都要把握简洁明了的文风。应该开门见山地给出内容大意，避免过多的修饰，系统化地展开观点。除非你能真正搞懂你所写体裁的内涵、特色，否则你很难有效率地写出一篇出色的文章。

　　在接下来的一章中，我将深入探讨写作中遇到的文章体裁问题，并对其内涵做进一步解释。我将向你一一展示如何利用ROAM分析方法，写出不同文体的文章。此外，我还要给你一些额外的建议，让你无论用何种文章体裁进行写作，都能事半功倍。

第21章　发送电子邮件时要考虑周全

电子邮件非常常见，以至于我们常常忽视它的重要性。我们写电子邮件的时候，就好像在嚼着爆米花，非常随意，想到什么就写什么，然后直接发送；对别人的邮件进行回复时，只是先把邮件看一遍，略微思考之后，就草草写回复，然后直接发送。

根据琳达·斯通（Linda Stone）的研究，很多人可能并没有注意到，事实上80%的人在阅读和回复电子邮件时，呼吸都会停滞，她把这种现象称为"电子邮件窒息"。[①]在这种呼吸不顺畅的情况下，你实在很难对自己的写作进行深思熟虑。

实际上，相比你在工作中所做的其他事情，你写的电子邮件会给别人留下更深的印象，写电子邮件也会花去你更多的时间。根据WOBS写作调

[①] 引自琳达·斯通2014年11月24日发表在其博客上的文章《你呼吸还好吗？你有电子邮件窒息症吗？》（*Are You Breathing? Do You Have Email Apnea?*）。参见http://wobs.co/WWBstone。

查反馈的信息，受访者平均每周要花9.3个小时来阅读电子邮件，花6.4个小时来写邮件。拉蒂卡提集团（Radicati Group）的研究团队估计，普通的商业人士平均每天发送和接收的电子邮件达121封。[①]

在如此频繁的电子邮件往来中，如果你想出人头地，那你就需要仔细考虑一下如何通过电子邮件最大限度地实现你的目标。

带着目标去写电子邮件

根据程式化的向导工具来写电子邮件是相当简单的。你只要写一个标题，用键盘敲出你要讲的事情，然后在收件人一栏里添加上你所能想到的所有相关人员，然后点击"发送"按钮发送就可以了。以上就是写电子邮件最快捷的方式。

根据你自己所想的顺序来写邮件，确实会节省不少时间，但是你的读者就不免受累。又因为你要抄送给许多额外的收件人，所以你又浪费了更多人的时间，这样一来，你就违背了时间铁律，即你把自己的时间看得比收件人的时间更重要。要知道，你每天都会重复犯这个错误很多次。

一封草草写成的电子邮件经常会成为我所说的"困惑制造者"。经常有人收到电子邮件后会问："为什么我会收到这样的电子邮件？发件人发送这封邮件的目的是要我去做什么事情吗？"有的人太忙，碰到这样的邮件就放在一边不管了，很快就忘了还有这么一封邮件，然后发件人只好重发一遍，这样一来又会浪费更多的时间。有时候，收件人还会反过来询问

---

① 引自萨拉·拉蒂卡提（Sara Radicati）撰写的《电子邮件统计报告，2014—2018年》（*Email Statistics Report, 2014—2018*），拉蒂卡提集团，2014年4月。参见http://wobs.co/WWBradicati。

发件人邮件里表达不清的地方，然后再告诉所有的相关人员，这又浪费了更多人的时间。

反思一下电子邮件的本质，你首先需要改变的认识就是：电子邮件可以解决一切问题。你还是行动起来，亲自去和别人沟通，给你需要联系的人打个电话吧。如果打电话可以更好地解决问题，那么电子邮件显然就不是最好的联系方式。

如果你真的决定要发电子邮件，那你就要认识到，电子邮件一共分为两种：一种是对你和收件人都非常重要的邮件，另一种是对你们都不重要的邮件。重要的电子邮件包括你发送给客户群体或内部员工的邮件，以及那些你希望能够起到立竿见影的效果的邮件。重要邮件既然重要，那就需要你在计划和写作的过程中考虑周全。下面，我就将进一步阐述如何快速地写好重要的电子邮件。

那么，不重要的电子邮件呢？为了大幅节约你的时间，我建议你不要再发这种邮件了，不发它们的感觉真的很好，同时，你收件人的邮箱里也不会被塞得满满当当了。

电子邮件的ROAM分析法

如果确实很有必要写电子邮件，那么用ROAM分析法来分析一下这封邮件也是非常有必要的（如果你需要回顾一下，可以参考第13章）。那么，电子邮件的ROAM分析是怎样的呢？

读者：目标群体要清晰准确。写之前，你必须搞清楚在这封电子邮件中，谁需要对此做出回应，把这些需要做出回应的人添加到收件人列表中，而且只要加入这些人就可以了，不要再画蛇添足地把这封信发给其他人看了。尽量不要直接借用公司的公共电子邮箱通讯录，除非你明确知道通讯录里有哪些人，因为有时候，标着"北美地区销售部"的通讯栏里可能包括了750个随机联络人，他们大多都会对与自己毫不相关的邮件感到恼火。别使用抄送功能，永远别用密件抄送——这是自欺欺人的行为，而且一旦其中一个收件人发现了你试图掩藏的信息，肯定会以牙还牙。①

目标：想要答案还是想要传递信息。写邮件的时候，你必须问自己，你是要向别人询问，还是要告诉别人什么。如果你是要询问别人，那就把你想知道什么清楚地表述出来；如果你是想告诉别人什么，那就把你想告诉别人的事情叙述清楚，并且把缘由也告诉他。如果你自己也不知道为什么要告诉他这个信息，那就没必要发电子邮件了。

行动：希望对方看完邮件后采取的行动。如果你是向对方询问信息，那么你希望对方采取的行动就是回复一些对你有帮助的反馈信息。如果你是要告诉对方某件事情，那么你就要想清楚到底想要收件人知道这件事情以后做什么。如果你不能回答这个问题，那就不必发送这封电子邮件了。

印象：有效地传达信息。如果你的邮件是在询问准确的信息，有着明确的目的，那么这表明你正在完成你的工作。如果你能简明扼要地告诉你的收件人你需要他们做什么以及为什么要这样做，那你就可以给他们留下积极的印象。而逻辑混乱、目的模糊的邮件则恰恰相反。所以，一定要用语简单、逻辑清晰，并且内容明确。

对于需要对方采取行动的电子邮件，你的目标句应该是这样的：

读了我写的电子邮件以后，收件人可以理解我的需求，并且把我的需求加以反馈，同时还会觉得我是一个效率很高的人。

---

① 唯一可以使用密件抄送功能的情形是：在不显示各自邮箱地址的条件下，给多人群发邮件，这类似于廉价的邮件列表服务器功能。

对于传递信息的电子邮件，你的目标句也应该是非常简单明确的：

　　读了我写的电子邮件以后，收件人可以理解我告诉他的信息，并采取相应的行动，同时认为我所提供的信息非常有价值。

对有效电子邮件的剖析

电子邮件看似没什么结构可言，但其实并非如此。每一封电子邮件都会告诉收件人一个故事，故事情节大致是这样的：我是谁，某件事情正在发生，这件事情有着怎样的意义，你应该就这件事采取什么措施。最关键的就是行文要简洁而清晰。在电子邮件中，应该组织好语言，完整地表达出你的想法。

电子邮件中应当包括如下项目要素：

· **可以清晰反映需求的标题**。举个例子，你只是想向收件人传达信息，那你就可以用"2016年损耗数据供你参考"这样的标题。如果你想寻求帮助，那你可以用"请代为物色一名物流专家"这样的标题。把"请求"这样的字眼放在标题栏里，否则别人可能会匆匆忙忙地把你的邮件忽略掉。

· **简短的问候**。如果收件人并不认识你，那你就要用最快的速度做一下自我介绍，比如"我是艾伦（Alan）的同事，现在财务处工作"。

· **一句话概述**。不要在邮件的一开始就去道歉，或者评论一番当地棒球队的战绩。你正文中的第一句话就应当概述整件事情的来龙去脉。如果你的收件人没有时间看完全文，至少可以保证他从标题和第一句话中了解到一定的信息，比如可以这样写："我只有在收到咨询费以后才会完成我的书稿。"

·**所有陈述只关注一个话题，并合理组织结构以便读者浏览。**把不同的话题分成不同的电子邮件来写，即使你是要给同一批收件人写邮件，也需如此，否则容易使收件人感到困惑，并且使那些将所有邮件都纳入自己工作任务列表的人晕头转向。要记住，你的收件人可能是用智能手机查看邮件的。你最好把字数控制在100~250个单词内，否则对方可能会看得不耐烦。一定要简短。研究表明，电子邮件字数越多，得到回复的概率越低，超过100个单词，回复的概率就开始下降。[①]使用我在第11章中提到的帮助读者轻松浏览的方法：使用项目符号，将段落的首句话加粗，甚至使用图示。（但别使用表格，表格会显得太单薄。）如果你的确需要囊括更多细节，可以在邮件里添加一个文件链接，使之跳转到某个网站或者你们公司内部的局域网，如果实在有必要，还可以添加附件。

·**若要求收件人有所反馈，须明确截止日期。**如果你想让你的收件人有所行动，在邮件的结尾就要明确说明，并且加上一个明显的标志词"请"，比如"请于明天前把预算发还给我"。

·**谢谢，再见。**当你写完邮件时，还需有个结束的格式。记住，你的签名也是你需要传达的信息。一般都需要发件人留下姓名、电话号码和电子邮件地址。注意，不要把此处写成所有信息的大杂烩。

举个例子，2016年1月，《波士顿环球报》遭遇了一场危机，由于刚刚更换了送报的投递公司，新的投递公司出现了严重失误，有5%~10%的订阅客户没有拿到报纸，导致客户满意度下降。我已经在第3章展示了报纸发行商的道歉信，下面我们来看一下波士顿报业工会主席斯科特·斯

[①] 引自亚历克斯·穆尔（Alex Moore）2016年2月12日发表在Boomerang上的文章《七招让你的邮件收到更多的回复》［*7 Tips for Getting More Responses to Your Emails (with Data!)*］。参见http://wobs.co/WWBboomerang。

蒂夫斯（Scott Steeves）写的电子邮件，他写这封邮件是为了让所有员工（包括记者在内）都帮忙投递报纸。[1]

> 发件人：斯科特·斯蒂夫斯
> 收件人：《波士顿环球报》的全体员工
> 标　题：今晚需要帮助
>
> 各位同事：
> 　　我们当前正面临危机，我想大家应该都听说了，在过去一周中，我们的报纸没有被及时地投送到客户手中。我们今晚需要人手在牛顿地区帮忙投送报纸。如果有人可以在今晚帮忙，编辑部门的员工请给贝丝·希利（Beth Healy）发送电子邮件，销售部门的员工请直接联系斯科特·斯蒂夫斯。
> 　　我们将于午夜时分在牛顿地区临河大道15号碰头。所有参与投送报纸的员工需要两人坐一辆车，所以请携带驾驶证件和车辆登记证件，届时大家会领到统一准备的客户地址、投递线路和投递须知。请确保自己的车上安装了定位导航系统。
> 　　非常感谢每一位员工的付出，预致谢意。

　　邮件里没有任何扭捏造作的道歉话语，邮件标题就直接说明了"需要帮助"（说明确实犯了错误，但谁能无过呢），然后进一步说明"我们当

---

① 引自丹·肯尼迪（Dan Kennedy）2016年1月2日发表在Media Nation网站上的文章《工会写信要求〈波士顿环球报〉员工送报》（*Here's the Union Letter Asking Globe Staffers to Deliver the Paper*）。参见http://wobs.co/WWBglobe。

前正面临危机，我想大家应该都听说了，在过去一周中，我们的报纸没有被及时地投送到客户手中"，这就把问题讲清楚了。接着，斯蒂夫斯又阐述了他需要什么样的帮助，并且明确了应该怎么去做。整封邮件一共132个单词。

最关键的是这封邮件非常有效。在这个前所未有的危急关头，报社的记者们于凌晨时分成群结队地在马萨诸塞州的牛顿地区集合，他们一起行动，向客户投递《波士顿环球报》（周日版），读者的态度随之改变。

冷型电子邮件：向陌生人寻求帮助

在第14章中，我已经讨论过调查采访的策略。现在，我要讲讲如何通过电子邮件使收件人接受你的采访请求。

这里将包括我之前讲到的所有要素：在标题中进行清晰的询问，一个简短的问好，搞清楚作为发件人自己到底需要什么，下一步的打算是什么。但我还要在这几条原则的基础上再加两个要素。

第一，我的每一封电子邮件都应该是单独发送给目标收件人的。当然，使用群发功能要容易得多，但单独发送电子邮件表明你对你的采访对象非常了解。为了让邮件起到更好的效果，我还会回顾一下我与收件人之间过去的良好关系，既对他的工作表现出高度的尊重，又避免显得是在溜须拍马。

第二，我会向收件人说明和我接触将对双方都有许多益处，并说服他抽时间回复我的邮件。

比如，下文就是我写的一封电子邮件，发给一家世界知名的交流与营销公司的首席执行官理查德·埃德尔曼（Richard Edelman），邀请他参加本书的一个采访。

> 发件人：乔希·贝诺夫
>
> 收件人：理查德·埃德尔曼
>
> 标　题：我想就我写的书采访您

理查德先生：

我正在写一本书，主题是关于如何清晰有力地与他人交流，预计将于2016年在哈珀商业出版集团（HarperBusiness）出版。（我已经在2015年3月离开弗雷斯特研究公司。）

我一直以来都对您的观点印象深刻，几年前，您曾在弗雷斯特公司的一次会议上做过演讲，从那时起，我就对您十分敬仰。

我想就社交媒体时代，有关出版物发行、博客写作、公关及市场营销写作的相关议题向您请教，以了解您在这些方面的观点和看法。

您能在1月的第一周中抽出30分钟时间与我进行一次简短的交流吗？如果您能接受我的采访，我将十分感激。

预致谢意。

乔希·贝诺夫

整封信一共115个单词，要求在标题中就已经体现了，简短问候只用了22个单词，我提出了自己的需求，并且在结尾处给出了截止时间。

我没有讲电话号码、日期以及我可以采访的时间之类的其他信息，也没有讲采访会不会录音，以及为什么这本书将会是史上最伟大的出版物，因为我知道理查德·埃德尔曼很忙，肯定不想看这些废话，他自己会判断接受我的采访是不是有意义，而我所提供的信息已经能让他做出这个判断。如果他同意接受采访，或者问了其他问题，那我会再做回应。我是在2016年元旦发出这封电子邮件的，在新年的第一个工作日，我就收到了他的回复。

如果你没有收件人的电子邮件地址，可以通过他的社交网站信息来查找，我会在第22章中进一步阐述。

营销型电子邮件：需要收件人有所行动

现在，市面上关于营销型电子邮件的书籍和网络博文不计其数。所谓营销型电子邮件，就是指市场营销人员向他们的联系人和客户群体大量发送的电子邮件。通常你都会把这些邮件放在邮箱的广告推送类邮件中，对于这类邮件，你往往只是瞥一眼就直接略过了。

就算闭着眼睛，你也能猜到这类邮件的发件人的意思，他们就是想要告诉你一些东西。

每个月有超过1000万营销人员通过MailChimp（一款电子邮件发送工具）发送超过10亿封电子邮件。拿2016年1月来说，这类邮件的"阅览率"——收件人打开并阅览邮件的比例——根据实际情况有所不同，有关兴趣爱好的邮件可以达到29%，而有关日常事务的邮件只有14%。[①]其中，通过MailChimp发送的每1000封电子邮件中，根据邮件主题不同，收件人真正打开并阅览的邮件数量只有2~17封。这个数据实在可悲。

当然，广告公司可以帮你完成这项猫捉老鼠式的工作。或者，你可以

---

① 引自MailChimp网站上的文章《MailChimp公司行业客户的平均邮件统计》（*Average Email Campaign Stats of MailChimp Customers by Industry*），于2016年2月15日查阅。参见http://wobs.co/WWBmailchimp。

稍稍改变一下你的电子邮件写作策略。

我们还是从ROAM分析法开始，并时刻关注你写邮件的目标。你现在想要做什么？"鼓动别人去买东西"，这个答案还不够好。"提高我所发邮件的阅览率"，这也没什么说服力。要不就是"提醒人们该为圣诞节大促销做准备了，我们可以为他们提供帮助"，或者"向他们展示一下我们制作了多么有趣的视频，所以当他们需要制作视频的时候，他们就可以打电话给我们了"？

继续遵循时间铁律。沙尔·范博斯科克（Shar VanBoskirk）曾在弗雷斯特研究公司花了十几年时间研究营销型电子邮件的效力，他指出："写营销型电子邮件最好的办法就是将商业目的和用户需求联系起来。"这也就意味着，写电子邮件时，必须把客户的时间看得跟你要售卖的商品一样宝贵，不要试着向他们解释为什么要让他们点开邮件阅读，而是要给他们一个让他们自己主动点开邮件的理由。

下面是几条注意事项：

·**使用简短的、描述性的标题**。简洁是写营销型电子邮件的首要原则。"是时候买套新西装了"这个标题可能并不会吸引很多人点开阅读，但是对那些确实在考虑购置西装的人来说，它就很有吸引力了。在2015年年底的时候，Angie's List（美国的一家口碑评论网站，帮助会员搜寻房屋修缮、医疗保健等服务提供商）给我发了一封电子邮件，标题是"2016年五大厨房装修潮流"。当然，这个标题挺无聊的，但如果你正打算重新装修你的厨房，那么这个标题就非常吸引人了。

·**确保邮件内容简短**。邮件最多写三到五行就可以了。如果你想让你的收件人都去看你写的邮件，他们通常都会在自己的智能手机上看，所以那些需要在手机上翻页查看的电子邮件的效果都不会很好。

·**用和人说话的语气来写邮件**。我们一般都不喜欢听营销人员的推广，即便这封邮件是以公司的名义发送的，也要用类似公司员工直接和客户说话的语气来写邮件。安·汉德利在她的营销型写作专著《人人写作》中是这样说的："营销型电子邮件的内容读起来应该让读者感觉像有一个真人在对他说话，所以在写作时，应当采用第一人称（使用"我""我们"或是"你""你们"），并使用听着更显自然的语气。"[1]

　·使用一些小图片或插画，但务必确保用的是相关图片。在邮件里插入一张漂亮房间的照片，效果就会好很多，但如果随便来一张日落的照片，就没有什么用。

　·不要过度热情。我曾在网上买了一些恒适（Hanes）牌的内衣，然后恒适公司每周都给我发送营销邮件，我不是每周都要买内衣，所以很快就把他们的邮件屏蔽了。

　　为了满足客户的需要，你可以做任何事情。比如，卡夫食品公司（Kraft Foods）每天下午会给顾客发送每日食谱邮件，给顾客提出建议，告诉他们应该买什么。有了这些建议，忙碌的上班族就可以提前想好要买什么，在回家的路上顺便把食材买好，回家就可以做饭了。卡夫公司通过这种方式让消费者知道他们的品牌，而且也非常有效，客户非常乐于收到这样的邮件——恒适公司只能望洋兴叹了。

　　如果你对目标客户的预期行动以及你所能给予客户的实惠把握得很准，那事情就好办多了，直接在标题中说明他们可以得到什么，然后在邮件的开头几行具体解释一下，最好还要让客户能非常容易地点开相关网页，从而获取相关的实惠。这样你就不用在乎阅览率的高低了，直接就可以满足客户的需求。

---

[1]　引自安·汉德利所著的《人人写作：创作极好内容的行动指南》，威利出版集团，2014年，第221页。参见http://wobs.co/WWBhandley。

管理型电子邮件：高效地传递信息

可以这么说，没有什么类型的电子邮件会像管理型电子邮件那样包含那么多废话——比如总经理发来的邮件、部门经理发来的邮件或是人力资源部负责人发来的邮件——这些邮件往往都是大批量发给下属员工的。还记得我在第4章中提到的斯蒂芬·埃洛普写的长达1100个单词的电子邮件吗——那封把要裁员12 500人这样的重大消息埋没的邮件？

我想电子邮件之所以会出现这么多问题，主要原因还是在于没有人在发送前做检查，并告诉老板这封邮件有多么糟糕。

如果你是经理，并且需要发送这类电子邮件，那么我建议你做到以下几点：

· **定期给员工发送电子邮件。** 每个月或每个季度发一次是比较适当的邮件发送频率，只要一直坚持，你的员工很快就会适应这个频率。

· **将所有邮件控制在400个单词以内。** 每封电子邮件都要集中关注一个主题，比如产品研发、战略变动或兼并重组等。（经理们经常会违反集中关注一个主题的原则，因为他们脑海里各种各样的事情都交织在一起。但是，你的职责就是要让你的员工工作得更加高效，而不是让他们也把自己搞得晕头转向。）

· **不要支支吾吾、语焉不详。** 即使有什么不好的消息，也不要掩饰，只管告诉大家。如果一直不说清楚，人们就会察觉出有什么不好的事情发生，然后议论纷纷，还不如直接告诉大家更好。

· **放下老板训人的口气。** 领导们经常觉得当了老板就应该用老板的口气来说话，常常官话连篇。你的员工对你的长篇大论嘴上肯定是唯唯诺诺，但心里会觉得你说的都是废话。如果你可以向你的员工解释为什么你们要采取这些必要措施，而不是连篇累牍地讲要使用"基于云端"的技术或是"突破性的创新"，效果就会更好。

　　·找一个真正理解并拥护你工作的人来帮你修改邮件。 如果你周围都是溜须拍马之徒，他们是不会告诉你一旦某封电子邮件被发送出去，你就会成为别人眼里的傻瓜的。找一个可靠的人，他能坦率地告诉你某封电子邮件可能会伤害员工的感情，用了太多的官话，语气太过悲观，或是写得太长了。最终还要真正把这些修改记在心里。

　　这里有个例子可以说明经理人应该如何有效地传达信息，无论是好消息还是坏消息。推特的创始人杰克·多尔西（Jack Dorsey）重返公司并担任首席执行官以后想要做出一些变革，并裁掉一些员工。他给人力资源部门发了一封邮件，告诉他们他需要裁掉8%的员工。[①]（如果你不是推特用户，你需要注意的是下文中所有的黑体字都是推特的产品名称。）

　　　　发件人：杰克·多尔西

　　　　收件人：全体员工

　　　　时　间：2015年10月13日

　　　　标　题：精力更为聚焦的推特

　　　　各位同事：

　　　　当前我们正在对员工队伍进行适当的重组，以便让公司走上一条更好的发展道路。通常这类邮件都会从公司的大局出发，说几句背景情况，这里我就直接开门见山了。

　　　　目前公司领导层正在加班加点地工作，为**推特**、**Vine**和**Periscope**

---

① 引自杰克·多尔西2015年10月13日发的电子邮件《精力更为聚焦的推特》（*A More Focused Twitter*），多尔西在美国证券交易委员会（US Securities and Exchange Commission）网站上发布了该邮件，于2016年2月15日查阅。参见http://wobs.co/WWBdorsey。

未来的发展制定路线图，这将引导公司发展得更加强大。这个路线图着重关注的是用户体验，将为公司发展带来重大影响。上周，我们已经在**朋友圈**（Moments）中首次开展了用户体验提升计划，这是一个非常好的开端，也是一个大胆的尝试，可以以此观察人们在未来将如何看待周围正在发生的事情。

路线图也将改变我们的工作方式，以及我们工作所需要的资源。产品部和工程研发部是此次组织结构调整中变动最大的部门，其变革反映了我们未来的发展需求。工程研发部将来会以更精干的团队更高速地运作，但工程部的员工所占的比例依然是最大的，而其他部门的员工数量则会相应缩减。

所以，我们必须做出一个非常艰难的决定，我们计划在全公司裁撤336名员工。我们会在此过程中对每一个人保持最高的敬意。公司将向被裁撤的员工提供丰厚的离职补助，帮助他们找到新的工作，并向每一个人提供长期关怀。

我想利用这次机会向所有即将离开我们的人表示感谢，我们会用我们的努力工作让使用推特的人们获得更好的服务，以此向曾经在公司工作的人们致敬。将来我们的队伍将更有针对性，我们将持续为公司注入新的动力，将我们的资源重新投入到最具影响力的产业中。

非常感谢你们的信任与理解。要做到这一点的确很难，但这是正确的道路，这个世界需要一个更强大的推特，要实现这一目标，我们必须走这一步。如果有什么想法或疑虑，请直接来找我。

杰　克

全文总共348个单词，关于裁员的内容脉络清晰，语言又不显得过于冷酷无情，标题"精力更为聚焦的推特"也反映出管理层思路明确，措施合理有效。

关于写不说废话的电子邮件的几个规矩

关于电子邮件写作的经验总结已经非常多了，我将重点关注我认为比较新的观点，以及在智能手机时代尤显重要的一些观点。

商业往来与日常交流相结合的语气才是合宜的

就像在很多工作场所你不必一直穿西装、打领带或穿职业套裙一样，你也不必过度强调商业往来信件的语言正式程度。

在电子邮件中，你可以使用商业往来与日常交流相结合的语气。你可以使用一些日常口语化的表达和比喻，使用直接而且主动的陈述语句，还可以使用数据作为佐证。记住，"请"字并没有什么不好说出口的，在需要帮助的时候，就要直接说"请"。

我知道，有些电子邮件的语言需要把握分寸，因为内容可能涉及比较敏感的信息（比如对某人行为的批评），但敏感和直白并不矛盾。在邮件中要陈述事实，也可以适当表达一下情感，但别道歉。你会发现，在邮件中加入一点感性的表达会很有帮助，但大量的感情宣泄就是不职业的表现了，反而会造成负面效果。

不管你怎么想，千万不要使用不文明的语言、感叹号或表情符号，比如":-)"。根据我的经验，凡是使用这些过度套近乎的表达方式的人，都在试图消除他们在交流中遇到的障碍。我们都是成年人，相互之间直接交流就可以了，就算真的把事情搞砸了，我们也要坦率承认。年轻的员工往往没有意识到自己不再是大学生了，应该学会友好而直接地与人交流，而不是装傻卖萌。

别在智能手机上写电子邮件

为什么你要用智能手机来写电子邮件呢？难道是因为你想抓住一天中的空闲，趁机完成一部分工作？当然不是，实际情况往往是你对智能手机过度依赖而无法自拔。

在智能手机上阅读电子邮件一点问题都没有，哪怕在手机上回复邮件也没有问题，但就是不要在手机上写重要的新邮件。

要想写一封让读者读起来省时省力的电子邮件，需要有充分的思考和准备，也需要进行修改，智能手机还不能很方便地实现思考、设想和编辑的全过程，所以最好还是在电脑上完成重要邮件的写作。

尊重等级

如果需要给自己的老板写一封电子邮件，甚至老板的老板，有些人就会害怕了，其实完全没有必要。你刚刚学会如何写清晰简洁的电子邮件，这正好给你机会让你的邮件大放异彩。

老板们既想被人尊重，也想有人向他们提供真实、充足的信息。所以，在邮件中，你要清楚地阐明你是谁，为什么要写这封邮件，发生了什么事情，你的建议是什么。不要直接告诉老板应该怎么做，也不要直接把问题抛给老板，而不提什么建议。

这个原则也适用于其他类型的电子邮件。一旦你养成了撰写有效的电子邮件的习惯，那么无论你的收件人是谁，你的邮件都会非常成功。

回复邮件时，要节约收件人的时间

我既然要讲怎样写电子邮件，那么肯定要谈到如何回复邮件，尤其是如今匆匆完成回复的邮件在大量杂乱的邮件中占了很大的比例。我的原则非常简单：回复越短，效果越好。具体做法如下：

· **先查看最近收到的电子邮件。** 然后，再看看是不是有人已经把这个问题解决了，如果是，就直接略过。不要就已经解决的问题再去回复信息，这也是在浪费收件人的时间。

· **养成只回复发件人的习惯。** 我曾训练自己只点击"回复"，而不去点"回复所有人"，这就为抄送名单里的收件人省去了很多麻烦（同时也避免了你可能把抄送栏里的100个收件人都得罪了的尴尬场面）。在任何一个现代的电子邮件系统中，如果需要，你可以在写完邮件发送之前改为"回复所有人"。

· **如果没什么好说的，那就什么都不要说。** 不要仅仅回复一句"我不知道"，何必要在其他人的邮箱里宣告你的无知呢？

· **如果发件人没有要求回复邮件，那就什么都不用说。** 对于信息通报类的电子邮件，没有必要回复，除非你有其他观点，可以让别人也有所收获。

· **对于发件人的问题，如果你的确知道答案，就用简洁的语言表述出来。** 如果你要回复一封只发给你一个人的电子邮件，那你就得给出一个完整的回复。但如果邮件是群发的，别人看到你冗长的回复就会觉得厌烦。回复的邮件中往往会掺杂与原邮件毫不相干却又冗长繁杂的内容，这样就会导致标题为"上周日的高尔夫之旅"的邮件中出现关于公司市场战略的详细探讨。回复尽量短些，不然就重新写一封邮件，专门阐述你的思考内容。

· **最后考虑一下是否可以直接对话（通话）。** 如果双方发电子邮件来回了三四次，那你大可拿起手机，或者直接走到大厅里，用对话交流的方式解决问题，节省大家的时间。

第22章　掌握各类社交媒体工具

2008年，我和沙琳·李（Charlene Li）合著了一本有关社交媒体的书，名为《公众风潮》（*Groundswell*），当时我们就认为社交媒体将改变一切。我们写这本书的目的是想让商业人士有能力迎接一个充满对话的世界——在这个世界中，所有的营销行为、公司内部交流和客户服务都需要通过对话和倾听来完成。

但现实并不像我们所想的那样。

诚然，社交媒体的确改变了我们对世界的认知，尤其是脸书，它已经全方位地影响了人们的阅读方式。尽管有关对话式营销概念的论述有很多，但许多市场营销人员仍然将他们关注的重点放在单一方向的广告活动和静态的网页宣传上。

丧失了这么好的机会多可惜啊！

那些可以承载双向对话的载体——博客、社交网络和即时通信系统——都是非常多样化的，这些载体上通常包括文本、图像、照片、视频等。人们通过这些载体相互联系在一起，每个人在其中都有一席之地，而不是作为一个受众整体存在，而且其影响力会迅速扩散。如果你的对话式营销做得好，客户就会把你的信息传递给其他人，这比你花钱做广告的效果好得多，关键这还是免费的。

所以，想要在事业上有所成就，你就必须熟练地运用双向对话的社交载体。

因此，我们来讨论以下四种必须熟练掌握的社交工具。这四种工具分别是博客、社交网络、即时通信工具和公共社交空间。

发博文要有利可图

博客圈里的废话到处都是，加起来比这个世界上其他所有媒体上的废话还要多。任何人都可以在任何地方发任何东西。

难道这会令你害怕？不，这应该是一个机遇。只要你所写的内容得当，全世界的客户都会奔向你。我采访过的半数作家都承认自己曾经发过博客文章。

商业博文一般有如下规律。首先，你在博客里写了一些商品的信息，人们看到这个信息以后，就会向别人传播这个信息，然后就会有很多人来阅读你的博客，他们读完以后就会心想："哇，这个商品的确很有用。"接着，他们就会来询问你是不是出售这个商品，然后他们就会把这个东西买回去（或者至少考虑买回去），买完以后还会告诉他们的朋友。

这种类型的博客同样也是一种"信息发布营销"——通过提供有帮助的商品信息来赢得客户。但是，抛开这些专业术语不谈，我们来仔细看看它是怎么运作的。下面这个故事是我的亲身经历。

2015年年初，我在"不写废话"网站上发表了一篇有关清晰地写作的博文。2015年5月4日，那是个周一，我写了一篇1100个单词的文章，题目是《10条写作建议及其背后的心理学原理》。我还在博文中插入了一张列举10条建议的表格（参见本书第11章）。

这篇文章发表的第一天就有超过6000人阅读，点击率比我以往的文章高出两倍还多。很快，这篇文章就开始扩散，因为人们觉得这篇文章既实用又有趣。

到了那周的周五，每天的访问量已经达到了56 000人次，超过10 000人把这篇文章分享到了他们的脸书上，还有10 000多人转发到了自己的推特上。几周以后，它才逐渐淡出人们的视野。但是，当我在写这本书的时候，也就是文章发表8个月以后，这篇文章的访问量仍然以每天300~500人次的速度在增长。

不仅如此，如果你在谷歌上搜索"写作建议"，这篇文章依然排在搜索结果的前三位。

这究竟给我带来了哪些好处呢？

既然100万人中有三分之二的人都已经看过这篇文章，那么他们中的许多人都知道了我的名字。

又有几千人关注了我的博客，所以我可以与他们保持互动。

所有这些——网络热文、谷歌搜索排行榜、博客关注量——都让我在从事营销的过程中占据了有利地位，而我要卖的东西就是我的书和服务。

所有博文都可以找到它的读者，就如同我找到了我的读者一样，问题的关键就在于你写的内容要让目标客户觉得有用才行。

用ROAM分析法分析博客

刚开始入门的时候，博客新手往往会问一个非常错误的问题：我应该在哪个博客平台上发博文呢？他们的问题让我想起了安科维先生（Mr. Anchovy），他是巨蟒剧团（Monty Python）的一个会计，生性胆小，却一直渴望成为一名驯兽师。[①]当他的职业规划顾问指出他的性格并不适合做一名驯兽师的时候，安科维先生却坚持认为自己应该成为一名驯兽师，因为他有一顶驯兽师专用的帽子。

如果你确实想学习驯养野兽的技能，第一步肯定不是去买一顶驯兽师的帽子。同样道理，如果你想学习发表博文的技巧，你也不应该从谈论使用哪个博客平台、发博文的频率以及博文的字体这类事情开始。你首先要问的应该是为什么。与任何一个写作项目一样，你首先应该进行ROAM分析。

- **读者**：潜在的客户和当前的客户。
- **目标**：让客户知道更多。
- **行动**：让读者关注你的博客，分享你的文章，并查看你推广的产品。
- **印象**：让读者觉得你的公司很靠谱，也很有帮助。

归结成目标句就是：

　　要让潜在的客户和当前的客户在看过这篇博客文章后了解更多的信息，分享我们的文章，查看我们提供的产品和服务，最终觉得我们的公司非常有帮助。

最难的就是要搞清楚怎样才能帮到你的博客读者，这就要求你别再关注自己的想法（没有人想听你的想法），而要从读者的角度来思考问题。关于如何写博文，我给出如下一些建议：

---

① 引自巨蟒剧团《职业咨询顾问》（*Vocational Guidance Counsellor*）一文。文本参见 http://wobs.co/WWBpython。

·**设置若干悬念**。如果你把你所能想到的产品编成一个系列，或许效果会更好一些。你可以先放出一个引子，通过这样一系列有效产品的展示，你就可以更好地实现你的目标。

·**根据受众和发布频率来选定社交媒体的平台**。对发博客频率不是很高的博主来说，Medium（一个内容发布平台）和领英是比较理想的平台，你可以在上面快捷地写博文，不用担心格式、主题之类的问题。如果你打算定期发表博文，那么你可以在《福布斯》或者《赫芬顿邮报》网站上逐步打响自己的名气。使用WordPress这一平台——再有些设计和页面开发的基础——你就可以在你的个人网站上开设博客。如果你们公司已经建立了本公司的博客网站，那就用公司的网站。你并不需要担心博客的格式，你需要在意的是文章的内容。

·**在标题和开头第一句话上多花点功夫**。博客是通过文字来传达信息的，所以你要在开头几行一下子抓住读者的注意力，否则就是一篇失败的博文。博文的标题和开头几句话都会出现在谷歌搜索的结果里，如果你在一开始就把你要推广的产品说得十分精彩，而且保证还有更多诱人的产品，那你的博文就会引起更多人的关注。

·**文章的内容既要充实饱满，又要结构合理**。把第4章中的所有建议都用上：你的博文中应该包括列表、图片、次级标题，并且要直截了当，没有空话，人称尽量用"我"和"你"。文章中还可以加上一些其他相关博客的链接。博客这种载体其实并不是那么正式，人们期望你可以直接告诉他们信息。

·**插入一张精美的图片**。每篇博文都应该配有插图，这不仅是因为图片能断开文章段落，更主要的是因为图片会出现在脸书的链接上。一张值得大家分享的图片对实现你的博文目标有巨大的帮助。杰里迈亚·欧阳（Jeremiah Owyang）是一位多产的网络博客红人，他就经常用这样的方法。几年前，当他还是Altimeter集团的一个普通分析员时，他曾贴出一张描述社交媒体策划人职业生涯发展的图片（见图22-1），收获了超过30 000人次的访问量。[①]［后来，欧阳利用自己在共享经济领域的专业经验创办了一家公司，名叫"人群公司"（Crowd Companies），并收购了Altimeter集团（现在是一家预测公司）。］如果你在博客中贴上了一张可供转载的图片，记得在图片上加上返回你自己网站的链接，这样这张图片即使离开了你的博文，也还可以发挥作用。

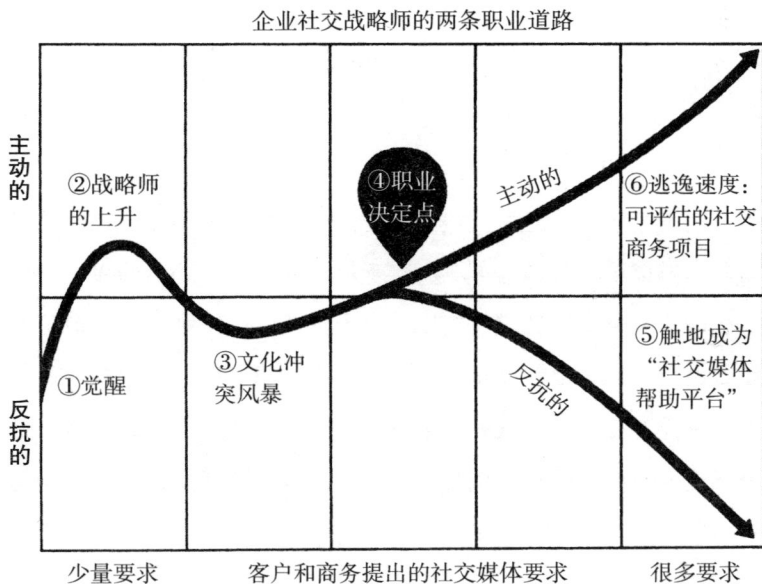

企业社交战略师的两条职业道路

②战略师的上升

④职业决定点　主动的　⑥逃逸速度：可评估的社交商务项目

①觉醒　③文化冲突风暴　反抗的　⑤触地成为"社交媒体帮助平台"

主动的

反抗的

少量要求　客户和商务提出的社交媒体要求　很多要求

资料来源：Altimeter集团，一家预测公司

图22-1　杰里迈亚·欧阳给Altimeter集团制作的社交媒体职业图

① 引自杰里迈亚·欧阳2010年11月10日发表在"互联网战略家"（Web Strategist）网站上的文章《Altimeter报告：企业社交战略师的两条职业道路——主动作为还是成为"社交媒体帮助平台"》（*Altimeter Report: The Two Career Paths of the Corporate Social Strategist. Be Proactive or Become 'Social Media Help Desk'*）。参见http://wobs.co/WWBaltimeter。

·**在社交媒体上多做推广**。在你的推特、脸书和领英上多发一些你的博客链接，或者与社交媒体上的网红交朋友，并请他们来帮你宣传推广。在有自己官方博客的公司里，公关部的员工一般都会负责推广你发布的消息，但不要想当然，最后还是要检查确认一下。

·**倾听并回复**。社交媒体是对话的媒介，所以不要只是发布新的信息，还要学会倾听并回复别人的评论，无论是在博客上还是在其他社交媒体上，都是如此。倾听就是要给自己一个机会来更好地认识你所面对的市场环境，并更好地满足客户需求。如果倾听这个环节做得不好，就说明你只是在嘴上喊喊，那你就等着人们指责你满口废话吧，这种事情是经常发生的。

·**最后考虑一下SEO**。我在第5章中已经说明了，SEO指的是搜索引擎优化。围绕SEO还有很多学问，现在有各种各样的书籍或网络文章来指导人们关键词该怎么总结，文章的标题应当有多长，什么话可以写在正文中，关键词在文章中出现的频率应该是怎样的。归结到一点，最重要的还是要让人满意，而不是让搜索引擎满意。无论SEO做得怎么样，只要文章写得好，对读者有用，大家就会去分享。当然，如果文章篇幅太长又毫无用处，那么即使搜索引擎强烈推荐，人们也不会很感兴趣。

在社交网络上要经常发文

根据WOBS写作调查，49%的商务写作者称他们发推特是为了工作，还有42%的人则是在脸书上发文。同样，在领英上，也有很多有价值的社交渠道可以帮助人们快速地传达工作中的许多信息。那么，你应该怎么使用这些工具呢？

首先，选定你所需要的发文工具。如果你（或者你的公司）已经在这些社交空间里有了许多粉丝或朋友，那你就有机会向更多人传递你的信息。即使你没有这样的条件，社交网络也可以为你创造一个供你发言和学习的空间和平台。

用ROAM分析法分析社交网络

简单来说，你可以用社交网络工具来传播你的观点。下面就是根据ROAM分析法所做的分析：

· 读者：所有在网络上关注你的人。你的读者通常就是你的朋友、粉丝或者公司同事，也可能是其他对话题感兴趣的人。

· 目标：让你的粉丝都接受你所传达的信息。通过社交网络平台，让你的读者对你的工作、你推荐的产品以及你绝妙的见解有更多的了解。

· 行动：点击并分享。在社交网络上所能做的最有价值的事情就是广泛传达你的信息，如果你写的东西能被更多的人转发和分享，那就是最好的广告。

· 印象：你是一个值得关注的社交网络达人。你得采用与众不同的理念和产品给你的粉丝留下一个深刻的印象。

以上这些归结成目标句就是：

你的朋友或粉丝读了你在社交网络上所发的内容以后，非常认同你所说的话，并且乐于分享你写的东西，认为你和你的公司都是非常值得关注的。

一旦你把自己的形象树立起来，人们就会觉得你推荐的东西都是有用的，你就可以一次性多推广一些产品，但是要注意不要推广得太频繁，否则你有可能会失去好不容易建立起来的粉丝群。

目标句已经告诉你在社交网络上应该发些什么东西了，那就是可以传播、扩散的东西。这意味着你发的内容必须简短，不要超过三到四句话。内容应该直截了当，在最开始的地方就展现出能够引起人们兴趣的东西，同时还要附上一些网站的链接，以便让读者了解更多的信息——这就是让别人更进一步地了解你的绝佳机会。文字中最好再配上一张图片，因为社交网络上有更多的空间让你插入图片，并且人们更容易看到图片并点击查看。

归根结底，你发布的内容必须是有用的信息，人们只会分享有用的消息。确保发布的消息具有较强的实用性，这也是遵守时间铁律的一种做法，也说明你把读者的时间看得比自己的时间更加宝贵。

只有每周都在社交网络上多次发布信息，你才能算是成功的社交网络达人。你可以分享别人发布的内容或是其他媒体的链接，而不用每天都创造新的内容。但是，如果你一两个月才发一篇文章，你的存在感和别人对你的信任度就会很低。如果你是通过公司的账号发布信息，那么你们公司的社交媒体团队就应该负责确定一个发文时间表。

这里我想提醒的关键一点是：如何才能建立自己的受众群体？这是个非常重要的问题，但现在我没有足够的篇幅和经验来讨论具体的实践技巧。你可以参阅盖伊·川崎（Guy Kawasaki）和佩吉·菲茨帕特里克（Peg Fitzpatrick）合著的《社交媒体艺术》（*The Art of Social Media*）[①]或者Hubspot.com上相关的博文，那上面提供了许多时效性很强的建议。

---

① 盖伊·川崎和佩吉·菲茨帕特里克合著的《社交媒体艺术：给权力使用者的有力建议》（*The Art of Social Media: Power Tips for Power Users*），Portfolio出版社，2014年。参见http://wobs.co/WWBsocialtips。

根据你的需求和各种社交媒体的特点来选择合适的社交网络工具

现在市面上比较值得关注的几款社交网络工具都有几个相似的特点，包括粉丝、打赏、链接和通信。除了这些相似之处，它们有各自不同的用户群体和潜在受众。下面我简要介绍一下各种社交网络工具的特点。

脸书依靠其强大而复杂的后台运算法则，成为网络社交活动的主要平台，它在该领域的主导作用是其他平台无法比的。你可以在脸书上发布文字信息、网络链接、图片、视频等，所有可以发布的东西都能在脸书上找到。但是，脸书的主运算程序可以控制一些人有权限看到秘密信息，而且这些人会不定时地变化，所以脸书就好像一个由机器人控制的富饶王国，在这个王国里，虽然国王心地善良，但国王的想法和国家的法律总是在随机变化。你可以采用付费广告的方式在你们公司的主页上推广某个产品，或者使用个人账号（限加5000个好友），还可以创建一个随时可以加入的聊天群。一旦有人对你所发的内容点赞或发表评论，这个内容就会传播得更广，否则别人可能就不会看到。

那些广受欢迎且说话简洁的人一般都喜欢用推特。金·卡戴珊（Kim Kardashian）、嘎嘎小姐（Lady Gaga）以及一些电视台传媒在推特上拥有数百万粉丝，如果你或你的公司拥有粉丝规模如此庞大的账号，那你一定要好好利用。不过，推特在后台运行上还是有一些混乱，即使你拥有庞大的粉丝群，而且每天把相同的推文反复发送好几次，仍然会有许多粉丝看不到。但是，推特确实是发布链接和图片的最好平台，只要发布的信息诙谐幽默、引人入胜，传播速度就非常快。一定要注意推特有140个单词的字数限制，所以简洁是推特的灵魂。

领英是职场社交平台，它着重关注的是职业社交领域。在领英上，用户之间的互动并不如脸书上那么多，但是你可以通过这个平台打通你在职场上的人脉关系，你可以发布简要的日常更新或是长篇博文。人们一般上领英的频率要比上脸书和推特的频率低。对进入商界多年的人来说，通过领英来建立人脉，给业界同行留下一个良好的印象是非常不错的。和脸书和推特上的情况一样，别指望你在领英上的所有联系人都能看到你发布的内容，他们大多数时候都会错过你所发的信息。

Tumblr是年轻人经常使用的社交网络平台。如果你还记得彼得·加布里埃尔（Peter Gabriel）[①]，那你在Tumblr圈子里就算是大龄人士了。这个平台上的活跃用户多数是青少年，甚至是00后。Tumblr的页面设计以及目标受众使得平台上的信息传播速度极快，如果你有什么特别酷的东西要展示或者想说什么特别酷的话，就在这个平台上发布吧。在这个平台上，你可以给你发布的内容加上各种流行标签，从而引起人们的兴趣，也可以认识很多粉丝群庞大的网络红人。

Instagram、Pinterest和Snapchat都是专门用来发布图片的社交网络工具，在这些网站上发布图片的效果比发布文字更好。如果你想和一个喜欢发图片的人交朋友，你就可以利用这几个社交工具。既然它们不是有关写作的平台，这里我就不再多加叙述了。

别搞混各种信息

现在人与人之间的即时通信随处可见。除了手机上的短信应用程序，WhatsApp和微信（WeChat）也很普遍。谷歌和苹果都有各自的即时通信系统。在公司内部，员工之间的相互通信也是通过Slack、微软Yammer和salesforce.com's Chatter等公司内部通信软件完成的。脸书、推特、领英和

---

① 彼得·加布里埃尔是英国音乐家，20世纪红极一时的创世纪摇滚乐团的团长。——译者注

微博客这类社交网络平台也都有各自的即时通信功能。

所有这些讯息在我们每日接收到的各种嘈杂信息中占了很大一部分，虽然这类信息并不像电话那样要求你立刻给予回复，但回复它们的急切程度还是要比电子邮件高。处理得好，你就能获得你期待的结果；处理得不好，你就会被认为是一个惹人讨厌的无礼之人。

对于这类即时通信消息，我的建议就是一定要谨慎行事。在这种思想的基础上，下面我列几条具体操作建议：

·**重新考虑一下发信息是否合适**。如果可以不发短信或其他信息就把事情解决好，那么我建议还是不要发了，毕竟这样可以最大限度地减少你的信息得罪他人的可能性。

·**可以向下级或平级发信息，但一般不要向上级发信息**。通常朋友之间、同事之间发发短信效果会比较好，但是直接给老板发短信就有点冒险了，尤其是当你的老板要应对一大群给他发信息的人的时候。也就是说，你的老板一般会根据事情的轻重缓急来处理这类信息，比如"网站崩溃了，我们现在一片混乱"，对这样的消息，老板肯定会先回复。

·**避免群发消息**。有时候，通过聊天软件，关系比较好的三四个人可以组群相互交流。我就用这个办法和我的合著者交流，分享我们各自在旅途中拍的照片。但是，如果在群聊中邀请了不认识的人，那么得罪人的概率就可能呈几何级数增大。

·**要求回复**。如果你不知道你想要什么回复，那就不要发消息。如果你的问题太过复杂，几句话说不清，那就发电子邮件或直接打电话。发信息是为了就某个急切的问题快速获取答案，比如"正确的商标图像文件在哪里？"或者"马戈（Margot）走后，谁来负责客服部的工作？"。如果接收短信的人没有及时回复，就不要再发消息了，试试其他办法吧。

·**选择正确的媒介**。短信和其他基于手机的即时通信工具都是为了使相互认识的人之间便于交流，信息接收方是很乐于收到你的信息的。公司内部的交流软件则是为了解决与工作相关的问题，便于人们在工作中就某一问题得到及时的答复。社交网络的即时通信功能则是为了供相关平台上已经认识或互为粉丝的人相互交流，比如你脸书上的好友、推特上的粉丝，以及领英上的联络人。

·**直接切中主题**。不要扭扭捏捏，在保证基本礼貌的前提下，直接点明所发消息的主题。比如"如果你有时间，我急需你联系一下你在克莱斯勒公司认识的朋友来帮个忙"，或者"沃利（Wally），我要不要在下午公布客户数据之前先和马里韦尔（Maribel）确认一下？"。不要问这样的问题："你有时间吗？"因为这样的问题通常答案只有一个，就是"没有"。如果你想在信息里写上两三句话，那我建议你还是发电子邮件吧。

·**在必要的时候加上一些照片或链接**。比如这两个例子："你有没有看到我们在《泰晤士报》上发布的文章（链接）？"，或者"新模型现在设计成这样了（照片）"。

·**避免使用缩略语和表情符号**。在商业领域，使用一些缩略语（比如cu l8r lol）确实可以省去几个字，但对那些不懂这些缩略语的人来说，它们就会造成很大的麻烦。此外，使用哭脸的表情符号也不是表达受委屈的适当方式，除非你想让别人觉得你还是个小孩子。

·**得到答复以后，尽快结束谈话**。一旦你得到了想要的答复，正确的回复应该是"谢谢""多谢""感谢，下次一起进城的时候，请你喝汽水"。千万不要把话题继续下去，比如不要说"顺便问一句，比利（Billy）的手术结果怎么样啊？"。

和社交网络上的联系人交流不要太过热情

在上一章中，我介绍了发送电子邮件向别人寻求帮助的最佳策略。但是，如果你没有他们的电子邮件地址，该怎么办呢？

每个社交网络平台都有自己的即时通信渠道，它们就是你的秘密武器，只不过你可不要显得太过热情。

在领英上，即便你没有他们的电子邮件地址，你也可以联络到在职场上结交的人脉。这个功能在人们更换工作以后显得尤其有帮助。（如果你成了领英的付费用户，你还可以通过领英联络到一些与你没有什么联系的人。）在领英上发的即时消息也会出现在收件人的电子邮箱中，这样收件人就可以通过电子邮件回复或者直接在领英上回复。一旦第一次联系上了，以后你就可以通过电子邮件与对方往来了。

脸书的即时通信功能也可以让用户发送消息，但如果你给尚未添加好友的人发消息，那么你的消息会被放在陌生人文件夹中。推特则只允许你给关注你的粉丝发送即时消息。

我自己使用这些通信渠道的经验就是，无论是发送方还是接收方，人们对于简单的信息都会快速回复，对于那种篇幅很长的信息就不会感兴趣。所以，一定要用最快捷的方式告诉别人你是谁，解释清楚你想要什么，并且请求进一步联系。在领英或脸书上发送消息可以参考下面这个例子：

嘿，西蒙（Simon）先生，我和您一样，也是一位商业类书籍的作者，我非常喜欢您最新出版的《没有收到您的信息》（*Message Not Received*）一书。我想邀请您参加我的博客访谈，请问您能否参加？

公司社交网络

公司员工如今需要面对的一个新情况是：公司内部的社交网络往往是由公司来管理的。诸如Slack、HipChat、微软Yammer和salesforce.com's Chatter之类的公司内部社交平台可以让员工之间的对话和交流不再仅仅依赖电子邮件，而把大家都感兴趣的内部话题拿出来分享。在我写这本书的时候，脸书就刚刚推出了公司版社交网络平台。

所以，现在在公司里，你能够享受社交网络的所有好处，但它也可能使你陷入潜在的尴尬境地。

这些工具包括人与人之间的即时通信功能，也包括供大家发布信息的网络空间。但是，不要把这些工具视为浪费时间的一般社交网络平台，而要把它们视为具有巨大潜力的工具。最重要的是要落实公司版的时间铁律：不要浪费你的同事的时间。

对于这些快速发展的沟通渠道，我在此提几条建议：

·**对此类工具保持积极的、专业的态度**。使用这些工具和发送电子邮件其实是一样的，只不过所有人都可以看到你发布的内容，在上面浪费时间、说脏话或是谈论敏感的政治话题都是不合适的。你在平台上发文是为了更好地做工作，同时也是帮别人做好他们的工作。

·**使你的提问和答复保持简短**。在这些网络空间发文的人一般都是为了寻求帮助，比如解决问题、和客户打交道或是招聘新员工。如果你打算在空间里发布一个问题，那就先花点时间查阅一下你们公司的内部网（以及公司内部的社交网络），确保你这个问题之前没人提过。然后，用简短的几句话说清楚你的问题。在网络空间里发布长篇大论只会浪费更多人的时间，这可比垃圾邮件浪费的时间多得多。如果你看到一个你能够给出解答的问题，或者想就这个问题再提一个相关话题，只需用简短的几句话来回复就可以了。

　　·**对于较长的信息，可以用共享文件的办法发布。**你可以用共享的方式来发布一些文件、报告和图片。你可以发布一个网址链接到这些文件上，而不是把文件内容中的几百个字都打出来。

　　·**可以新建群或空间，但必须确保这个群或空间可以长期维持。**你可以就你们的一个新项目组建一个讨论组，把团队中的所有人都拉进去。比如，你是推动室内"禁烟"小组的负责人，你就可以把所有可能涉及的人员都邀请到新建立的讨论空间里。但是，许多公司内部的社交网络平台上，有许多网络空间都被人废弃了。所以，如果你不能确保这个空间可以一直正常运转，那就不要再创建新的空间了。

第23章 巧妙地做推广

想象一下，如果某个信息交流渠道定期有数以千计的垃圾信息不停地烦扰你，你会有什么感受。再想象一下，这些垃圾信息都是用一成不变的老旧格式发给你的，里面充斥着各种零碎的信息，通篇的废话让人找不出这些信息还有什么价值。继续想象一下，一家看似体面的大公司，最后却弄出了如此废话连篇的产品推广，要知道，这可是以高昂的费用邀请所谓的专家才做出的成果。

当然，这些都是当前机械化地编辑和发布文字的显著特征。

我自己就是文字处理和发布领域的分析人员，所以我每天都会收到这样的文字。在过去20年的工作生涯中，我的收件箱中共收到了10 000封电子邮件，只有200封左右的邮件能和主题扯上一点关系，而就算是在这些还算切合主题的邮件中，也有80%说了很多废话。可以计算一下，也就是说，在总共850万字的电子邮件中，只有2万字算是有意义的文字，有意义的文字所占的比例仅为微不足道的0.2%。换句话说，有99.8%的文字都是无效的。

行文失败的无效文字如此之多，公关领域每年有超过100万篇报道[1]，也就是说，总计有超过5000万字的文字信息根本没人会看。我想很多人可能都写过这样的文字，如果你也是其中一员，那么现在我就来帮你解决这个问题。

当然，这并不是要向公关部门宣战，我曾经和许多杰出的公关人士共事过，他们都和我共同努力来推广我的产品，并给我的分析员工作经历带来了深远的影响。他们谦逊聪慧，对我向来有求必应。所以，我并非要诋毁公关行业，而是要改变这个行业中普遍存在的不良习惯和弊端。

做产品推广是一项非常有意义的工作，你得告诉别人你们公司是做什么的，为什么你们公司就是做得最好的。但如果是在网上发布相关信息或者其他营销推广内容（比如营销型网页），那就另当别论了，这些内容不一定能传达到目标受众面前。下面，我就讲述一下如何让你发布的信息和制作的营销网页不再有废话出现。考虑到周围其他人的营销类和公关类写作都是废话满篇，只要你能确实掌握以下这些技巧，我相信你一定能在工作中脱颖而出。

分析一篇典型的公开宣传文章

我们先来看一看其中一篇垃圾文章，我之所以选择这篇文章，并不是因为它有多糟糕，而是因为它非常典型。2015年4月，德国软件巨头SAP

---

[1] 这一数据是粗略估计数据，但很可能被低估了。参见杰里米·波特（Jeremy Porter）2009年3月22日发表在《记者界》（*Journalistics*）上的文章《每天发出多少篇报道》（*How Many Press Releases Are Sent Out Each Day*）。参见http://wobs.co/WWBreleases。

公司旗下的hybris支付技术公司向数千名记者、研究员和其他"具有影响力的人"发布了一篇长达1087个单词的文章。[①]为了节约空间，我只截取其中最无聊的几个部分展现给大家。

利用创新支付手段实现hybris货币化数字转型

作为SAP公司解决客户参与问题的办法之一，hybris公司拓展了他们的产品展示业务，并引入了以客户为中心、以价值为基础的客户服务。

东部时间2015年4月30日上午8点

（慕尼黑电）hybris支付软件作为SAP旗下的子公司，今天公布了新的客户营销方案，作为SAP总公司解决客户参与和商业运营问题的核心办法之一，从而在当今竞争激烈且高速发展的经济中，让企业在数字化变革中获益。（后面还有200多字的官话、套话以及各种专业术语，出于仁慈考虑，我删掉了。）

"数字化变革时代已经为客户和公司打开了一个新的窗口，现在客户有更多的选择来购买他们需要的产品，选择他们喜欢的品牌，而公司与客户之间的关系也日益密切，公司的现金流十分充足，有能力帮助客户实现其人生价值。" hybris与SAP公司客户参与和商业运营事务首席战略官布莱恩·沃克（Brian Walker）说道，"SAP与hybris的一体化客户参与和商业运营平台更加强化了公司与客户之间的这种关系，既消除了各个服务平台之间各自为政的情况，同时也提高了服务的速度和效率。"（此处省略100多字的废话。）

---

① 引自2015年4月30日SAP公司发布的报道《利用创新支付手段实现hybris货币化数字转型》（*hybris Monetizes Digital Transformation with Innovative Billing Solution*）。参见http://wobs.co/WWBhybris。

公司当前的主要目标是要向客户提供更好的服务、推广高科技和实用性强的产品，并寻找新的方法来完成产品的物流、包装、定价和出售流程。SAP hybris支付软件可以为客户提供以下服务：

·提供创新型的定价体制，无须编码，通过简单、易懂的用户界面就可以完成。

·支持支付前、支付后以及综合型的消费者账号实时监管模式，让用户可以完全掌握其消费情况，从而提高客户的使用体验。（下面还有三个列举条目，近200多字，还有一段引用了行政人员所说的话，都被我删掉了。）

想了解更多有关SAP hybris支付软件的信息，可访问www.hybris.com/en/billing。

hybris软件的相关信息

由SAP公司研发的hybris支付软件为用户提供了一个全渠道的用户参与与商业事务的解决手段，可以帮助商家实时掌握其客户的背景情况，提供更有效、相关性更强的用户体验信息，从而使商家可以通过各种消费渠道和设备，卖出更多的商品、服务或数字内容。通过其庞大的全方位客户数据管理体系、背景信息驱动的营销手段以及统一的商业处理模式，hybris帮助一些世界知名的大公司开展业务，比如3M和ASICS。（又有94个字的内容是照抄照搬，被我删掉了。）想获取更多相关信息，可以访问www.hybris.com。

在本文件中，所有非历史事实性质的相关陈述，都是关于未来发展趋势的展望，符合1995年制定的《美国私人有价证券诉讼改革法案》（U.S. Private Securities Litigation Reform Act）的相关条款，诸如"预期""相信""估计""展望""预测""有趋势""可能""计划""项目""预示""应当"以及"将会"等词语都是SAP关于未来发展趋势的表述用语。SAP公司没有责任去更新或修改这些展望未来趋势的表述。所有这些展望未来趋势的表述都存在一定的风险和不确定性，可能会导致最后的结果与预期相差甚远。与SAP未来财务状况相关的因素的讨论主要会在SAP向美国证券交易委员会提供的文件中集中体现，这些文件包括SAP最近的有关20-F项目的年度报告。敬请读者注意不要过度依赖这些对未来发展趋势的表述。

© 2015 SAP SE，版权所有。

本文中所涉及的SAP公司及其产品和服务，以及它们各自的商标，均归属位于德国及其他国家的SAP SE公司，详情请访问http://www.sap.com/corporate-en/legal/copyright/index.epx#trademark，以获取更多商标信息。

把文章所有的内容包括在内，我计算了一下这篇文章的意义比例。在全部1087个单词中，有253个单词是有意义的，意义比例仅为23%。令人遗憾的是，这就是公开宣传物的现状。

下面我们就来看一下那些没有说服力的废话：

·**堆砌大量花里胡哨的形容词**。文章一开头就讲到了"创新型"的解决方案，然后SAP和hybris就持续用"复杂的"运作模式、"瞬息万变的"客户体验、"最好的"客户关怀以及"全方位的"客户数据管理体系这样的词来轰炸我们的大脑。单个来看，这些词还是可以接受的，但是集中到一起，整篇文章的可读性就受到了极大的影响。

·**宽泛而毫无意义的引用**。我曾经和布莱恩·沃克一起工作过一段时间，他从来就没有跟我说过"SAP与hybris的一体化客户参与和商业运营平台更加强化了公司与客户之间的这种关系，既消除了各个服务平台之间各自为政的情况，同时也提高了服务的速度和效率"这样的话。引用这样的话根本就让人不知所云，无论是在这篇文章里还是在别的什么商业杂志上，这样的引用都是毫无意义的。

·**行业术语泛滥**。这篇文章的目的是和记者们以及其他商业人士进行沟通，表明公司已经在最新的发展浪潮中开始全面的变革。这就是我们谈到"数字化变革"的原因，要打破传统的商业模式，将其转变为一种"全渠道用户参与"的新模式。其实，把这么多时髦的词堆放在一起，反而给读者一种糟糕的阅读体验，让人完全不知道这些话到底意味着什么。

·**看似必要的免责声明影响了整个公告的效果**。没有人会去细看"未来展望声明"中的那些描述，但那些坚持要这么写的人总是认为："这样读者就不会把刚才读到的东西看作必须实现的承诺了。"

反思公开宣传物

公开宣传物最初是在报纸、杂志等刊物上发表的文章，但现在各路记者每周都会收到或忽略掉几十篇这样的文章。一般来说，最普通的宣传物至少有1000人的阅读量，如果你足够幸运，这1000人中估计会有2个人对这篇文章有所回应，而其余的998个人只会选择按"删除"键，因为他们对这种毫无意义的发表物已经习以为常了。

这个现象必须有所改变，而且并不是只有我一个人这么想，世界顶级营销与交流公司埃德尔曼（Edelman）公司的首席执行官理查德·埃德尔曼就曾跟我说过："我们的客户对于在外面大声叫卖的做法早就不感兴趣了，他们想要获取与顾客建立纽带的新方法。"他的公司就把主要精力放在了通过免费媒体或者公司自营媒体频道来帮助客户推广他们的产品和品牌上。公司可以把他们的产品放在Medium和《赫芬顿邮报》这样的网站上推广。以前那种邀请著名记者来做宣传推广的做法已经不再是主流，而这种公开宣传物也不再是引起记者们关注的最好办法了。

里克·克兰西（Rick Clancy）在担任索尼公司美国电子商务公关部负责人的时候，就曾发布或者审查过数千份公开宣传物。现在他是北卡罗来纳大学媒体与新闻学院公关专业的教授，他同样认为"分发与祈祷"的时代——先向所有人大量分发某种公开宣传物，然后祈祷其中有人会认真去看一下宣传物上的内容——已经结束了。但是，克兰西也认为，对索尼这样的大公司来说，公开宣传物还有第二个功能——聚焦公司的内部事务，包括产品研发、设备购置和招募行政人员。"如果想把公开宣传物做好，你就得仔细把要发布的内容检查一下，因为上面的信息必须一丝不差，那些文字会被保存很长时间。"即便是这样，克兰西有时候还是要面对各种夸大其词。"我会在团队提交的草稿上写上'废话'，然后直接交还给他们。"他经常这么说。我非常尊重克兰西的经验和观点，但我还是会想有没有更好的解决办法。

阿什利·布朗（Ashley Brown）是可口可乐公司负责数字化通信工作的部门领导，他就直接告诉雷根通信公司（Ragan Communications）："我要的就是让公开宣传物彻底消失。"[1]现在可口可乐公司已经基本不再使用公开宣传物了，而是在"可口可乐之旅"网站上发布推广信息，这些信息里有图片、视频和文字，内容则与公司的各项活动相关。

综合可口可乐公司、里克·克兰西以及埃德尔曼的观点，我们对公开宣传物做一个小结。

---

[1] 引自拉塞尔·沃金（Russell Working）2013年12月23日在ragan.com网站上发布的文章《可口可乐数字主管："让公开宣传物消失"》（*Coca-Cola Digital Chief: "Kill the Press Release"*）。参见http://wobs.co/WWBcoke。

公开宣传物的ROAM分析法

应该如何写公开宣传物？其ROAM分析如下：

读者：所有识字的人。公开宣传物的目标受众不再仅仅是记者或分析人员，只要能够阅读并传达信息，他就可以是公开宣传物的读者，哪怕是妈妈级的博客用户或者一些非主流媒体的受众。

目标：正面的好感。通过阅读公开宣传物，读者会觉得宣传的产品是值得信赖的，生产该产品的公司非常好。

行动：继续传达信息。过去商家希望通过发放这些宣传物，让受众帮助宣传产品，现在这个理念依然有效，但现在的公开宣传物也可以让受众把信息发布在社交媒体上共享。

印象：这个公关经理值得信赖。过去，人们并不太喜欢公关经理这样的人，因为你惹毛了998个人，才找到那2个真正需要的人。现在，你需要重建你与受众的关系，无论你发什么，你都要说："我认识你，我可以随时为你提供帮助。"

没有废话的公开宣传物

如果你把空话、套话、没有意义的引用和过度的修饰词全部去掉，还剩下什么呢？

事实。

现在我们再来添加内容：公司的直接言论。要用发言人直接和读者交流的口吻来写，而不是生搬硬套地直接引用。

通常结尾都会这么写："这就是我们这么做的原因。"

举个例子。2015年，谷歌进行了一次财政和组织结构调整，谷歌首席执行官拉里·佩奇当时就是通过公开宣传物来解释这件事的。[①]

谷歌宣布新的运行机制调整计划

2015年8月10日

G代表谷歌

正如谢尔盖和我在11年前的创始人来信中所写，"谷歌不是一家传统意义上的公司，我们也不想成为一家普通的公司"。我们还说过，你们"也许会看到我们在一些现在看来还很奇怪甚至违反当前商业规律的领域所做出的投资规划"。我们一直在努力依靠我们现有的经验，多做一些重要而有意义的事情。

我们做了在当时看来很疯狂的事情，但现在，当年那些疯狂的事情让我们拥有了超过10亿的用户，比如谷歌地图、YouTube视频、Chrome浏览器和安卓操作系统。而且我们并没有就此停止，我们还在继续做着许多人觉得疯狂的事情，而我们乐在其中。

我们一直坚信一家公司反复做同样的事情，时间长了就会产生安逸的心态，从而不思改变。但是在科技产业，革命性的观念不断催生新的潜力增长点，所以我们必须居安思危，时刻保持进取姿态。

当前，我们公司运转良好，但是我们认为我们可以使它的架构更清晰，责任更明确。所以，我们正在建立一家全新的公司，名叫Alphabet。我很高兴我将出任新公司的首席执行官，而我的伙伴谢尔

---

① 引自拉里·佩奇2015年8月10日发表在谷歌公司官方博客上的文章《G代表谷歌》（*G is for Google*）。参见http://wobs.co/WWBabcxyz。

盖将担任总裁。

Alphabet到底是什么？其实这是一个公司的集合，其中最大的组成部分当然就是谷歌公司。新的谷歌公司的规模比原来要略微缩减，因为与主要互联网产品相关性不大的一些部门转移到Alphabet去了。那么，怎样定义这里的"相关性不大"呢？最好的例子就是我们在健康方面所开展的一些业务：生命科学项目（主要研究葡萄糖感应式隐形眼镜）和Calico计划（主要研究人类的长寿）。总的来说，我们觉得这样的调整可以给予我们更多的管理空间，这样一来，对于不太相关的项目，我们就可以让它们更独立地运作。

Alphabet建立的目的就是通过强化领导和独立运营进一步提高业绩。总体来说，我们的模式就是要任命一位强有力的首席执行官，由他来管理所有的业务，我和谢尔盖将竭力满足各个子公司的需求。我们会努力处理好资金分配问题，并确保每家公司都可以良好运转。同时，我们也保证每家子公司都会有一位优秀的首席执行官。此外，在这个新的架构中，我们计划对第四季度的业绩实施分部汇报（segment reporting），谷歌公司的财务汇报将单独进行，而其他公司则合在一起。

这个新的组织架构将便于我们集中精力来应对谷歌内部所面临的前所未有的挑战。其中最关键的一环就是桑达尔·皮查伊（Sundar Pichai）。桑达尔一直以来都秉承我的许多观点（有时候说得比我还好），我与他共事也十分愉快。从去年10月起，他开始负责互联网产品的工程开发。谢尔盖和我对他所取得的进步和为公司做出的贡献感到非常高兴，所以我们和董事会都认为是时候让桑达尔来继任谷歌公司的首席执行官了。能有如此优秀的管理者来运营规模缩减后的新谷歌，我感到十分幸运。虽然我不再担任职务，但我还是会尽我所能来帮助桑达尔和谷歌公司，将来我也会一直这么做。谷歌本身也正在开发各种新的产品，而桑达尔又正好十分重视创新，总是能够突破极限。我知道他非常关注我们的核心项目能否继续实现新的跨越。最近新开发的项目，诸如谷歌照片（Google Photos）和谷歌即时（Google Now），在使用机器学习的技术方面已经取得了惊人的成果。谷歌公司旗下还有一些服务是以其自身的名义运营的，比如YouTube，它的首席执行官苏珊（Susan）的工作做得非常好，把YouTube的品牌经营得很好，而且取得了惊人的增长。（下面299个字的内容是关于公司的财务和战略情况的，此处省略。）

拉里·佩奇

Alphabet首席执行官

当然，这篇文章里还是有一些过度修饰的成分，但总体上感觉还好，毕竟它出自首席执行官之手，自然显得不那么生硬。文中也没有什么大话、空话，让人觉得舒服很多。所有事情都陈述清楚了，读者也明白了首席执行官到底想做什么。这篇文章既可以作为网络博文发布，也可以作为公开宣传物分发。显然，这样的文章很多人都会看。

其实，并不是只有谷歌在这么做。比如，特斯拉汽车公司2013年8月发布了一份宣传物，题目是《特斯拉S型汽车在各类车型中获得最佳安全性评估结果：创造了新的NHTSA车辆安全监测得分纪录》。[①]这篇文章运用了物理原理和类比方法，说明了为什么新型的特斯拉汽车比其他任何牌子的汽车更耐撞击（"就好像从高处跳进一个水池，最好水池里的水足够

[①] 引自特斯拉汽车公司网站2013年8月19日发布的一篇报道《特斯拉S型汽车在各类车型中获得最佳安全性评估结果》（*Tesla Model S Achieves Best Safety Rating of Any Car Ever Tested*）。参见http://wobs.co/WWBtesla。

深，而且没有石子。"）。文中没有引用任何特斯拉公司管理层的话，一切都是用事实说话。

你也可以这样写作。有关实际操作的建议如下：

·**用说话人的口吻直接写作**。说话人可以是首席执行官、首席运营官或者公关部的负责人。

·**把新闻放在标题里**。题目可以这么写：我们要发布一个新产品，我们要建立一家公司，我们要推荐某个人。

·**解释清楚你做了什么，以及它为什么重要**。我们研发了新的产品，因为我们的客户遇到了问题，而我们替他们解决了问题。我们之所以建立一家公司，是因为它可以填补我们供应上的空缺。我们之所以推荐某个人，是因为他适合担任新的首席运营官。

·**尽可能多讲述事实**。引用一些增长的数据、用户的数据，把它们都列举出来。

·**用通俗的语言去写，以便获得最大限度的传播**。像这样写成的宣传物往往能够脱颖而出，因为它与众不同。用通俗的语言去写，这样更多的人就能够理解，他们理解了以后，就可以向更多的人宣传。

如果你没有按照这个模式来写，那就别把这些宣传物散发出去，以免给自己惹麻烦。如果人们真的能理解这个道理，那我们就能更有效地分发宣传物，减少很多浪费，分析人员和记者的收件箱里也能干净许多。

如果你确实按照这些建议来撰写宣传物，那么你不仅可以通过公关部门的分发渠道来传播它，而且可以把它发布到你们公司的脸书和推特账号上。如果关注你的好友看见了，并认同你所说的，他们就会转发和分享，那你就能获得更多的关注。

至于其他的营销型文字材料，写得越少越好

我再谈谈你们公司的网站。假设你不在媒体公司工作。

在有的网页上，访问客户可以完成很多操作——买东西、咨询，或者任何客户所需的操作。这些网页就是用来赚钱、维持生计的。

你们可能还有技术支持网页，人们在上面可以找到与你们的产品相关的问题的答案。这些网页是实用性网页。

还有的网页，你可以在上面分享你的故事，这些是博客网页。如果你遵照我的建议去做了，那你发布公开信息的网页也应该是这种类型的。

最后，在有的网页上，你可以描述你的公司及其产品。你很可能也要写这种类型的文字材料，因为根据WOBS写作调查，有超过60%的作者都曾为各种网站写过这样的文字材料。

我看过许多这样的文字材料，它们都写得很糟糕。一般都会有一个专门的部门来决定如何描述他们的产品，但这导致了既混乱又模棱两可的结果。（还记得第15章中提到的雷氏直升机公司吗？）这些描述公司和产品的文字材料原本需要更多的字数，但是当人们在电脑屏幕上阅读的时候，情况就并非如此了。

记住，人们在读这些文本时，实际上就等于在问自己："我是不是应该和这家伙合作？"如果最后人们没有理睬你写的文本，那就意味着你失去了这些客户。

公司和产品的描述文本应当简短，内容包括要点和图片即可，写作时用"我们"来指代自己，用"您"来指代消费者。

如果你有现成的说明书，也可以附在后面的链接里，免得让顾客再去慢慢琢磨。

时刻牢记谁会看这个材料，要把读者的时间看得比你自己的时间更加宝贵。

第24章　撰写旨在采取行动的报告

多年以来，我一直以写作为业。有一天，我给我三岁的孩子洗澡的时候，他问我到底是干什么工作的。我该如何向一个三岁的小孩解释商业战略报告呢？"我是专门写故事的，我写的故事都是关于未来将要发生的事情的。"我这么跟他解释，"我的故事可以帮助在公司里上班的人们更好地做出决断。"

三岁的小孩肯定很喜欢听故事，所以他说："那就跟我讲讲你写的故事吧，爸爸。"于是，我就告诉他下面这个数字录像机将改变电视的故事（当时还是1999年，高清电视还是新生事物）。

很久以前，有一群人专门拍摄电视节目。很多人都去看他们拍的电视节目，同时也会看到他们在电视节目中植入的广告。这让拍广告的人感到很高兴，他们就给拍电视的人一笔钱，而拍电视的人用他们给的钱拍出了更好看的电视节目，于是大家都非常开心。

可是有一天，另一群非常聪明的人发明了一种新的魔法机器。利用这种魔法机器，你可以在任何时间看你想看的任何电视节目，而不是像从前那样，只能在电视节目上映的时候看，而且你也用不着再去看广告了。

于是，看电视的人们就觉得这种魔法机器实在是太好了，纷纷跑去购买这种魔法机器。从此以后，他们就可以在任意时间看自己喜欢的电视节目了，而且不用再看广告。

但不幸的是，这样一来，那些拍广告的人就不开心了。他们说："如果没有人看我们的广告，那我们就不会再付钱给拍电视的人了。"于是，他们真的不再给拍电视的人付钱了。

没有了钱，拍电视节目的人也非常不开心。他们说："我们需要钱来拍摄更好的电视节目。"而且，因为现在他们的钱不够用了，所以他们拍的电视节目越来越不好看。

既然电视上的节目都不好看了，那么看电视的人也不开心了，因为他们刚刚买的魔法机器没给他们带来什么好看的电视节目。拍广告的人也不开心，因为没有人再看他们的广告了。拍电视的人也不开心，因为他们没有足够的钱来拍精彩的电视节目了。

所以，这些人后来都过得不开心。

我的这份有关数字录像机的"报告"使用了许多简单的词语来替代原有的术语，但故事仍然反映了问题的本质。商业人士读了我的报告后，会从我所做的调查和得出的数据结果中受益良多，但他们之所以能记住我，是因为我采用了故事化的情节，这个故事即便是三岁的小孩也能看懂。

如果你也要写一份报告，你的故事又是什么呢？

报告的ROAM分析

如果你正在参与一个大型写作项目，一般来说，肯定是就某个主题形成一份报告。根据WOBS写作调查，有53%的商务写作者写报告是供公司内部阅读使用，而有41%的写作者写的报告是供消费者阅读的。

这些报告往往也各不相同，有的可能是营销人员写了向消费者推广用的，有的可能是研究人员写了向大家解释他们的研究成果用的，有的可能是经理层写了分析公司运营的数据并做出决策用的。但是，这类文章的篇幅都较长（至少2500个单词），这样才能说明正在发生的情况，以便让读者据此做出更好的决断。

尽管报告的形式各有不同，但关于这种文体的ROAM分析基本是一致的。

·**读者：对某一话题很感兴趣的决策人**。报告的阅读受众可能是公司内部人士，也可能是公司以外的人员，但不管是谁，他们都需要用报告中提供的信息来帮助他们做出决定。

·**目标：让人们变得更聪明**。你的目标就是要让读者理解你所掌握的东西。

·**行动：在充分掌握信息后做出决定**。如果人们读完某篇报告以后，把从报告中得到的信息运用到决策过程中，那么这篇报告就是成功的。读者可能在读完这篇报告后采取了不同的行动，或者为其要采取的行动找到了支撑的依据。

·**印象：报告的作者值得人们予以支持**。报告可以让你保住你的职位。当你写的报告很有价值时，读者会说："啊，对我来说，这些信息太好了。"有些报告在写作过程中得花一些钱；还有些报告，比如白皮书，本身就能带来市场价值；还有一些则会给内部读者带来好处。但是，写这些报告都得付出精力和金钱。如果你最后写出的报告很有价值，那么你收获的回报就可以补偿你写作时的付出。

ROAM分析也解释了为什么报告其实就是一个故事。读者可以读懂这个故事，记住这个故事，然后和别人分享。他们觉得这个故事很有价值，也非常认同故事中的观点。而且，即便是两份同样价值的报告，如果其中一份写得更像一个故事，那么它也比另一份更加有效。

报告的故事性也说明了它的文章结构。首先要有一个描述性的标题（如果需要的话，可以加上一个解释性的副标题），然后就是一份涵盖整个报告内容的摘要。在报告正文的开始部分，首先要有一个背景介绍，把问题说清楚，然后进一步分析目前各方就这一问题所采取的应对策略以及市场或公司内部相应的变动。最后，你就可以提供你认为可以圆满解决问题的建议。在好莱坞工作过的人都喜欢把这几个步骤和拍电影的步骤做一个类比：背景情况、剧情发展、结论。（与好莱坞大片不同的是，报告中的故事情节都是真实发生的。）

为了让你的报告引起读者的共鸣，你得按照正确的结构来撰写报告，本章的下半部分就着重介绍文章结构（详情见表24-1）。

标题和副标题应当既吸引眼球又表述清楚

在整篇报告中，最重要的部分就是标题，但从报告的标题中你是不可能知道文章里到底讲了什么的。比如你看到这个标题《2015年人类发展报告》[1]，如果你想只通过标题就知道报告里到底说了什么，那你只能靠猜了。

---

[1] 联合国开发计划署发布的《2015年人类发展报告》[*Human Development Report 2015*，第一作者为塞利姆·贾罕（Selim Jahan）]。参见http://wobs.co/WWBhuman。

表24-1 报告的基本组成部分

	该部分是如何推进故事发展的	如何使该部分的效果更好	反问自己这些问题	建议
标题和副标题	让读者产生兴趣	要便于读者记住，以描述的方式表达，尽量简短	如果把这个标题放在搜索引擎里，会有怎样的效果？	等报告的草稿写完后，再做进一步的修改
摘要	简要地概括整篇报告的内容	包含一些报告中的生动细节	这样会让我有兴趣把这篇报告读下去吗？	等报告的草稿写完后，从中摘取一些片段汇总而成
开头	找出矛盾所在	明确你需要解决的问题	我提出的问题值得去研究解决吗？	要为下文做好明确的铺垫
分析	用你的知识和论述来解决问题	用数据来支持你的观点	我有没有讲清楚我的观点？	可以在文章中使用小标题、粗体字和图片
建议	提出卓有成效的建议	一定要清楚明确，毫不含糊	我有没有告诉读者最终要做什么？	通读全文，找出并删掉含义不清的文字
结尾	对你的分析和结论进行支持	务求细致，给出所有参考资料的出处	这些内容可以消除读者的疑虑吗？	附上网址链接以及调查的方法

可以比较一下下面几个报告的标题：

如何更快地构建更好用的软件？

通过云技术改变你的商业模式的五种技巧

新兴经济体中的媒体隐私

一个理想的报告标题应该是能让人一下就记住的，而且描述清楚又简短明快。但不幸的是，这几个要求本身又是相互矛盾的。下面我就给出几条如何写好报告标题的建议。

第一，每次写草稿前，都把标题行做好记号，等到整篇报告写完了，再回过头来考虑一下标题这样写是否合理。有时候，在写草稿的过程中，你就会整理好你的思路和语言，想出一个绝妙的标题。

第二，考虑一下在搜索网站上文章标题会呈现出什么样子。一个好的标题里包含了人们常用的一些搜索关键词，比如上文例子中的"隐私"和"软件"等。但是，相较而言，更重要的是报告的标题在搜索结果的列表里是怎么呈现的。你得考虑在网站搜索结果的显示页面上，读者会怎么理解这个标题，能不能理解标题所包含的意思，会不会点开看这篇文章。标题一旦脱离了报告全文的语境，就会显得有所不同，但实际上，人们在搜索的时候是看不到上下文语境的，只能看到标题。

第三，不要忘了副标题的作用。有了副标题，你就可以用8~10个字来解释清楚这份报告具体是关于什么的。比如《2016—2017年全球科技市场展望：未来两年中决定科技产业投入的五大主题》[①]，这个标题的副标题部分（冒号以后的部分）就做了一个解释性的工作，从而可以让主标题显得更为简洁。

摘要部分就是缩减版的报告故事

大多数人都是这样写摘要的：等到整篇报告都写完了，在马上要提交之前，随便写一个简短概述，基本就是把每一部分都看一看，然后用一句话总结这个部分。

这样的写作方法带来的只能是陈词滥调、千篇一律的摘要。这会带来

---

① 安德鲁·巴特尔斯（Andrew Bartels）2016年1月5日发表在《弗雷斯特报告》上的文章《2016—2017年全球科技市场展望》（*The Global Tech Market Outlook For 2016 To 2017*）。可从弗雷斯特研究公司客户端获取，网址是http://wobs.co/WWBthemes。

不幸的结果，因为摘要其实是非常重要的部分。对那些没多少时间阅读的人来说，他们一般只会阅读摘要，然后根据读完摘要后的理解来决定是否继续读完整篇报告。所以，一篇糟糕的摘要就等于宣判了一份报告的死刑。

如果说一份报告就是一个故事，那么一篇优秀的摘要讲的应该是同样的故事，只不过要写得简单一点。要想让摘要引人入胜，可以在其中加入报告中的一些点睛之笔，用以加深读者的印象，比如一些例子、数据或类比等。想象一下，你的读者与你在酒吧的吧台旁碰面了，他正好坐在你旁边。他问："这篇报告中最有意思的部分是什么？你最后得出了什么结论？"这时候你所做的回答，就是摘要里面的内容。

不要等到全文都完成以后再去写摘要，每修改完一稿，都要写一篇摘要。可以在报告的草稿写完以后再写摘要，因为那是你脑海中对文章的观点记得最清楚的时候。报告的每一稿写好后，都要重新写一份摘要——一定要重新写。如果你的摘要只有一两段（摘要其实越短越好），那么重新写一遍并不会花太多时间。每一稿都写一份摘要，同时还要根据你的编辑的意见不断改进，这样最终写出来的摘要就十分漂亮了。有了好的摘要，报告的正文就可以发挥更大的价值。

开头和分析部分必须强调问题的困难性，然后解决问题

在报告的主体部分，你就可以开始讲故事了。你先整体介绍问题的背景情况，展示你在调查中发现的现象，并对此给出解读，详细解释这些调查结果意味着这个问题会带来哪些后果，然后尽可能对这些后果进行细致的分析。

你可以把从本书第3章到第10章中学到的内容运用起来：减少使用被动语态；消除空话和模棱两可的文字；使用"我们"和"你"这样的人称代词，这样就会显得像直接在跟读者说话；在文章中更多地使用数据和例子。

做过深入调查的报告通常都非常细致，也值得仔细研究。想让报告的实用性强，首先就要给文章瘦身。在这里，要时刻牢记你在本书第11章中学到的东西：长篇大论最糟糕。下面几条建议可供采纳：

·文章的各个组成部分尽量精练，每部分都用一个描述性的小标题概括，以便略读，每个小标题下最好不要再进一步分层。

·段落开头重要的概述信息可以用粗体字表示（就和本书的做法一样），便于读者迅速抓住文章的主要观点。

·数据列表比纯文字的说明效果更好，因为列表能表达自然的演变顺序，把发展的每一步都呈现在读者面前。

·如果需要说明的事项具有平行结构，那么使用表格就比使用数据列表和文字说明的效果好。

·诸如数据图、概念图之类的图表可以嵌在文字中，并在旁边将概念解释清楚。

·案例研究可以让报告里的故事更加生动。

·可以利用侧边栏加入一些有趣的材料，但不要作为文章主要叙述的内容。

有时候，读者对报告的内容只会采用略读的办法，如果某篇报告采用了上述方法来写，那么读者只需浏览一下每个小标题和黑体字的概述句，然后看一看文中的图表，再大致从头到尾看一看全文的内容即可。一句话，你讲述故事的手段越丰富，你就越有可能赢得读者的青睐。

结论和建议部分要体现报告的价值所在

我为什么要去看你的报告？

因为我需要根据我所看到的材料来做出决策。

一份没有包含结论和建议的报告是不完整的。正如弗雷斯特研究公司的资深报告撰写人詹姆斯·麦克奎威所说："许多作者所写的报告的内容并不完整，因为他们没有根据行文的逻辑给出一个合理的结论。"如此你就是在浪费读者的时间，这是违反时间铁律的。

在分析的结尾，你得把所有信息都联系起来，然后告诉读者他们应该怎么做。

这一得出结论的过程往往就是产生废话的温床，因为告诉别人他们要做什么——而且要把这样的结论展示给所有读者——经常充满了艰险。但也别放弃，对那些确实在寻找指引方向的读者来说，你的建议会让他们感激万分。而对那些强烈坚持自己观点的人来说，如果你清晰地论述了自己的观点并给出建议，即便他们不同意你的观点，也会乐于倾听的。

结尾部分放什么内容

有些内容实在太过乏味，所以就不要放在报告的正文中了，因为这会打断故事的叙述。比如，不会有人喜欢在阅读文章的过程中研究那些脚注、额外的背景说明、数据采集的方法或是参考文献的细节。

把这些内容放在报告的末尾，单独组成一个部分，这样，那些确实想研究这些信息的人可以跳到后面进行深入研究，而其他想要继续往下看的人就可以畅通无阻地往后读了。

针对报告写作流程的几条建议

写一篇报告是一项大工程，对写作流程的处理不同，不仅整体的效果不同，作者在写作过程中的感受也不一样。为了让你的写作取得更好的效果，而不是使你更感挫败，你可以把第12章到第19章中讲到的建议，以及第5章、第11章中讲到的技巧运用到实践中。

·在写作的流程中，先花一半的时间做研究，再用剩下一半的时间写作并修改（详见第12章和第14章）。

·可以先与你的合作人、编辑和审阅人一起进行ROAM分析，这样可以搞清楚你写作的目的到底是什么（详见第13章）。

·找一个能够从读者角度出发看问题的编辑，他能告诉你什么样的文章是有效果的，什么样的文章是无效果的（详见第15章）。

·制订一个研究计划和一份详细的提纲，经常与编辑、合作人交流，即使是在写草稿的过程中也要如此（详见第14章）。

·和你文章的审阅人展开有效合作（详见第17章）。

·给文字配上一些相关的图片（详见第11章）。

·在写作的每个阶段都要推敲和拟写文章的标题和摘要（详见第5章）。

根据我多年研究和写作报告的经验，这些针对写作流程的建议给予了我很大的帮助，使我写出了不少质量上乘的报告。

后　记
改变废话文化

你已经做出了改变，现在你写的东西已经没有废话了，你会在工作中脱颖而出。

现在，轮到你回报他人了。

既然你已经做出了改变，那你就需要考虑你该如何改变你的公司、你所属的部门以及你所在的工作小组。

你的工作就是要把写作的时间铁律传播出去：

把读者的时间看得比你自己的时间更加宝贵。

如果简洁写作成了你所在部门的核心价值，那么这个部门就会发生翻天覆地的大变化。这样，你就可以节省出更多的时间来提升部门的工作效率，而不是在成堆的垃圾邮件和文件中消磨时间。部门风气的改变是一项大工程，但这项工作确实是很有价值的。

首先，你可以先尝试着影响那些有权势的人。简洁的写作风格让你引人瞩目，那你就要留心观察一下谁在关注你。这个人可能是你的老板、人力资源部的人、隔壁办公室已经有12年工作经历的资深部门领导，或者是曾经在某次部门季度午餐会上与你有过短暂交流的某个高级副总裁。你可以请他们来支持变革沟通文化，并向他们展示你的计划。

集中你的个人精力。只是想要去做出某些改变的人，最后往往什么都没干成。把你的目标放低，选择合适的改变方向，你可以集中关注群发电子邮件、培训课程材料或是PPT演示文件。删除行业术语，限制字数，增加图片的使用。你可以在得到部门领导支持的情况下，在某个部门或团队中首先采取行动。比如，你可以提议在所有收件人超过五人的电子邮件中把客套话全部删去。这样做更容易取得成功，而不是一口气要把整个文化氛围全部改变。

然后，证明你的价值。从工作中搜集一些数据："我们的工作小组每年要撰写200份报告，而其中有20%的客户认为这些报告太长了"，或者"办公室工作人员每天只花14%的时间在电子邮件上"。这样，你就可以说明你的提议可以怎么帮助改变这样的现象了。人们愿意相信消除文章中的废话肯定是有价值的，但如果你真的要花时间做这件事情，你的老板肯定还是想要一些证据来证明这个时间没有白花。

你的计划应该包含可衡量的结果。你会怎样传达你的意图呢——是通过开会、发电子邮件，还是组织培训，或者在社交媒体和公司内网上发布信息？你会不会招募一批志愿者来应对各种突发状况？你的计划需要分成几部分来完成？你最后会怎样评估、衡量你的成果？只有在搞清楚这些问题以后，你的领导和合作人才会支持你的工作，否则你就会白忙活一场，根本不可能取得成功。

不要只依靠个人的力量。你的朋友和同事可不是计划中的摆设，他们是你的队友，倾听他们的意见，采纳他们提出的有益建议。

搞清楚什么是不能改变的。如果你的高层领导刚刚开始落实一项新的战略，这时候各类文件中往往充斥着"六西格玛"或者"客户体验"等流行词，这些词其实并不是之前所讲的行业术语。另外，如果你的副总裁总是长篇大论、滔滔不绝地讲个不停，那你最好也不要把他的电子邮件单独拿出来批判。你必须承认并接受有些事你确实无法改变，但也要有足够的勇气去改变你能改变的东西；同时，关键在于你要有足够的智慧来分辨这两者。作为一个与废话做坚决斗争的战士，如果你没有这样的智慧，那你很可能就会半途而废。

一步一步走向成功。你先花六个月的时间，集中力量把你报告中的那些行业术语全都剔除。成功以后，你可以喝杯香槟，庆祝一下，然后转移阵地，集中力量消除被动语态，消灭含混不清的图片或文字。报告清理完以后，还可以转战电子邮件、博客文章等领域，甚至把影响范围从你们小组扩展到整个部门。与废话做斗争是永无止境的，只有畏缩不前的人才会躺在过去的功劳簿上睡大觉。

你可以通过电子邮件来告诉我你是怎么做的，我的电子邮件地址是josh@bernoff.com，如果能听到你成功的消息，那就再好不过了。

你也可以访问我的个人网站withoutbullshit.com。你还可以把工作中使用的工具和图片以及从实践中得出的理念都放在我的网站上分享，把这些信息传递给更多的人。

我们一起携手努力，让这个世界认识到不写废话的重要价值，那样我们就会有更多的工作要做了。

致　谢

撰写本书是我职场写作生涯中最有价值的经历。数十年来，我一直渴望和大家分享我在写作方面的经验与体会。现在，我想分享的所有内容已经在你们手中的这本书里了。

要是没有那些指导我如何写好文章的导师给予我的帮助，我也无从下笔写本书。在此，我对M. C. 斯皮思（M. C. Speece）、德娜·布罗迪（Dena Brody）、乔·沃尔德伦（Jon Waldron）、杰克·麦格拉思（Jack McGrath）、玛丽·莫达尔（Mary Modahl），以及比尔·布鲁斯特恩（Bill Bluestein）表示诚挚感谢。

我在弗雷斯特研究公司工作了20年，是弗雷斯特公司的工作经历成就了我今天这样的写作能力。我深深地（请注意程度副词）感激乔治·F. 科隆尼（George F. Colony），是他提倡的精练的写作文化锤炼了我的文笔。我在弗雷斯特公司的主要合著者包括埃米莉·纳格尔·格林（Emily Nagle Green）、克里斯·查伦（Chris Charron）、沙琳·李、泰德·谢德勒（Ted Schadler）、哈利·曼宁（Harley Manning）、凯丽·博丁（Kerry Bodine）、詹姆斯·麦克奎威、朱莉·阿斯克（Julie Ask）、迈克尔·贾扎拉（Michael Gazala）、戴维·库珀斯坦（David Cooperstein）、克里夫·康顿（Cliff Condon），以及其他很多聪明睿智的同事。如果没有他们教给我的知识和技巧，我也不可能写出本书。

还有很多人也对我写的文字材料不厌其烦地做过修改。这些对我提供无私帮助的人包括杰里迈亚·欧阳、纳特·埃利奥特（Nate Elliott）、沙尔·范博斯科克、里克·克兰西、布赖恩·麦克内利（Brian McNely）、米格尔·费尔南德斯（Miguel Fernandez）、格伦·恩格勒（Glenn Engler）、盖尔·斯塔福德（Gale Stafford）、达斯廷·蒙迪（Dustin Moody）、泰德·谢德勒（再次感谢）、戴维·莫尔达维尔（David Moldawer）、罗希特·巴哈尔盖娃（Rohit Bhargava）、小莱昂内尔·门查卡、莱恩·布尔曼（Len Burman），还有路易斯·比吉（Louis Biggie）。此外，还要感谢那些不断鼓励我的人和给我精神动力的人，他们是亚当姆·迪比阿索（Ad'M DiBiaso）、菲尔·勒克莱尔（Phil LeClare）、劳拉·莫兰（Laura Moran），以及克里斯·赛姆（Chris Syme）。

梅利纳娜·麦戈文（Merlina McGovern）是我最喜欢的文字编辑，她帮我避免了太多愚蠢的写作错误。应该对她单独致谢。吉姆·斯潘塞（Jim Spencer）为我这本书创建了一个主页，网址是withoutbullshit.com。

感谢活跃在我的脸书、推特和博客上的聪明的网友，感谢你们日复一日对我的支持和挑战。你们是这本书幕后的合著者。

本书的面世还要感谢这些人的辛勤努力，他们是我的代理人凯瑟琳·弗林（Katherine Flynn）和艾克·威廉斯（Ike Williams），以及哈珀商业出版集团的编辑斯蒂芬妮·希契科克（Stephanie Hitchcock）和霍利斯·海因姆布奇（Hollis Heimbouch）。

最后，感谢我的家人：金伯利（Kimberley）、雷（Ray）和伊萨克（Isaac）；我的母亲、父亲、安迪（Andy）、汤姆（Tom）、马季（Marj）和库尔特（Curt）。感谢你们一直对我充满信心，这种信心真的对我帮助很大。

作者简介

通常作者在写这部分内容时会用第三人称，造成一种作者简介是别人所写的效果。我认为这也是一种废话的形式，因而我在此用第一人称写下我的小传。

从事写作35年来，除了虚构小说之外，我写过几乎所有体裁的文章——软件文件、在线帮助文档、新闻报道、时事通讯、杂志文章、网页文本，以及上百份研究报告和三本书。我的博客withoutbullshit.com上线第一年，访问量就突破100万人次。

我写的第一本书《公众风潮：在被社交技术改变的世界中赢得先机》（*Groundswell: Winning in a World Transformed by Social Technologies*，哈佛商业评论出版社，2008年）——该书是我和沙琳·李合著的——曾一度登上《商业周刊》（*BusinessWeek*）畅销书排行榜。《广告时代》（*Advertising Age*）的编辑阿比·克拉森（Abbey Klaassen）评价此书为"有史以来最好的关于营销和媒体的书"。此外，我还和泰德·谢德勒合著了《授权：解绑员工，激活客户，改变生意》（*Empowered: Unleash Your Employees, Energize Your Customers, Transform Your Business*，哈佛商业评论出版社，2010年），与泰德·谢德勒、朱莉·阿斯克合著了《移动式思维转变：在移动时代赢得事业成功》（*The Mobile Mind Shift: Engineer Your Business to Win in the Mobile Moment*，Groundswell出版社，2014年）。

20年来，我一直是高精技术研发公司——弗雷斯特研究公司的一名分析师和思维开发部高级副总监。在这一职位上，我写过各类报告，在全球发表过各类演说，在商务战略方面与《财富》500强企业合作过。在弗雷斯特公司，我开发了技术图表（Technographics），可以制作市场划分图，公司客户调研业务就是基于该项技术。我分析过出版业、电视业和音乐产业。我预测过视频流、社交媒体和移动应用程序等各类技术的影响。我上过《60分钟》（*60 Minutes*）节目，从《华尔街日报》到《电视导报》（*TV Guide*）都曾引用过我的著述。我还曾获新型通信研究联合会（Society for New Communications Research）颁发的"年度远见奖"。

在供职弗雷斯特公司之前，我曾在几家初创公司任职，其中包括软件艺术（Software Arts）公司，该公司发明了电子表格工具。我还在马萨诸塞理工学院读过三年博士生，并获得国家科学基金奖学金（National Science Foundation Fellow）。我的学士学位是在宾夕法尼亚州立大学获得的。

我和妻子住在波士顿地区；撰写本书时，我的两个孩子还在念大学。我现在是一家非营利公司（网址是wellnesscampaign.org）的首席执行官，该公司致力于通过改变人们的习惯，推进健康福祉。我喜欢休闲骑行，还喜欢在观众面前妙语连珠。

如果你想了解我正在从事的工作，请关注我的博客withoutbullshit.com，我每周都会在博客上贴出关于对抗废话、政治、营养学以及我正在从事的工作的其他文章。你也可以在脸书或推特上关注我（@jbernoff）。期待与你互动。